초 등 국 어

한자가
어휘력
이 2단계 다

무엇을 배워요 ?

어떤 한자를 배우나요?

기초 한자(8~6급 수준)를 특별히 고안된 선별 기준에 따라 분류하였습니다.
급수 순서가 아닌 아이가 쉽게 받아들일 수 있는 순서로 배치하였습니다.

1. 획순이 적고 쉬운 한자
2. 초등학교 1~2학년군의 교과서 어휘에 많은 한자
3. 초등학교 1~2학년 학습자의 일상과 밀접한 한자

어떤 어휘를 배우나요?

아이가 집이나 학교에서 한 번쯤은 들어 봤을 만한 단어로 시작합니다.
학습 어휘로 적절하여 단어의 어근만 제시된 경우도 있습니다.
이미 알고 있는 단어 속에 한자가 숨어 있음을 알고,
모르고 있었다면 한자를 통해 그 의미를 짐작할 수 있도록 하였습니다.

1. 초등학교 1~2학년군의 교과서 어휘
2. 초등학교 1~2학년 학습자의 일상과 밀접한 어휘

교육과정 초등학교 1~2학년군 성취기준 연계!

모든 지문은 또래 친구의 생활문이며, 그 내용은 아이가 학교에서 배우는
♥ 초등학교 1~2학년군 성취기준과 연계하였습니다.
친숙한 주제의 글 속에서 아이는, 단어에 숨어 있는 한자의 의미를 떠올릴 수 있습니다.
아이가 낯선 단어를 만나도 포기하지 않고 유추할 수 있도록 하였습니다.

차근차근 따라가며 성취감을 얻도록 구성!

한자를 처음 시작하는 1~2단계 교재에서는 아이가 학습에 부담을 가지지 않도록,
한자의 모양과 훈(뜻), 음(소리)만을 제시하였습니다.
흥미를 이끄는 일러스트로 한자의 제자 원리도 알려 줍니다.
국립국어원 <표준국어대사전> 과 <한국어기초사전>의 문장을 참고하였습니다.
아이가 주도하여 교재 안팎에서 스스로 학습하는 습관을 들일 수 있습니다.

● 들어가기

낯선 한자를 보여 주기에 앞서
아이가 이미 알고 있는 단어들을 제시하였습니다.
큰 소리로 단어들을 따라 읽으며
같은 글자가 들어 있음을 느끼도록 합니다.

이렇게
배워요
!

● 1. 같은 글자 찾기

제시된 단어들의 공통 글자를 쉽게 찾습니다.
그 글자에는 한자가 숨어 있으며
단어들에 공통된 의미가 있음을
아이가 자연스럽게 습득합니다.

● 2. 숨은 한자 알아보기

앞서 아이가 스스로 찾아낸 한자의 정보를 알려 줍니다.
이를 통해 새로 배우는 한자의 기본 개념을 학습합니다.
문장 단위인 각 단어의 뜻풀이를 통해서
한자가 가지고 있는 의미를 기억합니다.

● 3. 어휘력이 쑥쑥

여러 단어들이 하나의 맥락에서 긴 글을 이루고 있습니다.
그중 목표 한자가 숨어 있는 단어를 찾아냅니다.
긴 글에서 맞닥뜨리는 단어의 의미를
스스로 유추하는 힘을 기릅니다.

☆ 국어사전을 활용하세요! 아이가 국어사전과 가까워집니다.

+ 홈페이지에서 활동지 부가자료를 다운로드 하세요.

차례

과학

스스로 자   자기 / 자신감 / 자전거 / 자동차   10

다닐 행   여행 / 유행 / 비행기 / 행동   14

돌 석   자석 / 보석 / 석유 / 석공   18

가운데 중   중심 / 중앙 / 공중 / 집중   22

말씀 언   명언 / 망언 / 예언 / 조언   26

바를 정   정말 / 정확 / 정직 / 정각   30

아닐 불   불편 / 불법 / 불행 / 부족   34

어휘력 점검하기 1   38

사회

재주 재   재능 / 재치 / 천재 / 영재   42

장인 공   공부 / 공장 / 공사장 / 인공   46

백성 민   주민 / 농민 / 민요 / 민속   50

시장 시   시장 / 도시 / 시내 / 시민   54

설 립   국립 / 조립 / 독립 / 입장   58

동녘 동   동해 / 서해 / 남해 / 북해   62

네모 방   방석 / 사방 / 지방 / 방언   66

어휘력 점검하기 2   70

일상생활

날 출　출발 / 출석 / 출근 / 출입문　74

달 월　오월 / 매월 / 세월 / 월급　78

바깥 외　외출 / 외식 / 외투 / 야외　82

옛 고　고물 / 고철 / 고목 / 중고　86

손 수　세수 / 박수 / 악수 / 수동　90

발 족　족발 / 족욕 / 만족 / 부족　94

푸를 청　청포도 / 청바지 / 청치마 / 청년　98

쇠 금　금고 / 입금 / 성금 / 저금통　102

어휘력 점검하기 3　106

학교생활

해 년　작년 / 내년 / 매년 / 학년　110

먼저 선　선배 / 선행 / 선제골 / 선착순　114

날 생　생활 / 생태 / 생물 / 생선　118

글자 자　숫자 / 문자 / 한자 / 천자문　122

소리 음　고음 / 발음 / 음악 / 음표　126

나눌 분　구분 / 부분 / 분류 / 분리　130

빛 색　색연필 / 색종이 / 색칠 / 백색　134

눈 목　목격 / 목표 / 목적 / 제목　138

어휘력 점검하기 4　142

한자 색인

정답

30일 / 공부 계획표

과학

01	02	03	04	05
___월 ___일	___월 ___일	___월 ___일	___월 ___일	___월 ___일

06	07	**사회** 08	09	10
___월 ___일	___월 ___일	___월 ___일	___월 ___일	___월 ___일

11	12	13	14	**일상생활** 15
___월 ___일	___월 ___일	___월 ___일	___월 ___일	___월 ___일

16	17	18	19	20
___월 ___일	___월 ___일	___월 ___일	___월 ___일	___월 ___일

21	22	**학교생활** 23	24	25
___월 ___일	___월 ___일	___월 ___일	___월 ___일	___월 ___일

26	27	28	29	30
___월 ___일	___월 ___일	___월 ___일	___월 ___일	___월 ___일

★ 어떻게 공부할까요?

하나, 단순히 답만 체크하며 휙휙 넘어가지 말고, **모든 단어와 문장 하나하나를 꼼꼼히** 눈으로 읽으며 따라가세요.

둘, **재미있는 놀이처럼** 단어에 숨어 있는 한자의 의미를 짐작해요. 우리 책에서는 한자를 획순대로 쓰는 것에 연연하지 않아도 괜찮아요.

셋, **국어사전에서** 오늘 배운 한자가 들어 있는 단어를 찾아보세요. 내가 제일 좋아하게 될 단어를 발견할 수도 있답니다.

들어가며

한자는 중국에서 사용하고 있는 문자로, 우리나라에서도 사용하고 있어요.
우리나라에서는 한글로 읽지만 사실은 꽤 많은 어휘에 한자가 숨어 있답니다.

자음(ㄱ, ㄴ, ㄷ, …)과 모음(ㅏ, ㅑ, ㅓ, …)을 합쳐 하나의 글자를 만들어 내는 한글과 달리
한자는 하나의 글자가 각각 ① **모양**, ② **뜻**, ③ **소리**를 가지고 있어요.

모양	뜻	소리
才	재주(를 가진 사람)	재

나무가 될
가능성을 가진
새싹의 모양이에요.

① 한자의 **모양**은 우리가 쓰는 한글과 참 다르게 생겼어요.
모양을 잘 들여다보면 그 글자가 만들어진 원리가 보여요.

② **뜻**은 그 한자가 무엇을 의미하는지 말하고,

③ **소리**는 그 한자를 어떻게 읽어야 하는지를 말해요.
그리고 뜻과 소리를 이어서 '재주 재' 하고 그 한자의 이름을 붙여요.

이 '재주 재'라는 한자가 어떻게 어휘력이 될까요?
친구한테 '천재'라고 말해 본 적이 있나요? 바로 그 단어에 '재주 재'가 숨어 있어요.
천재는 타고난 '재주를 가진 사람'이라는 뜻이에요.

무언가를 잘 외우는 사람이나 아는 것이 많은 사람에게도 천재라고 하지만
기본적으로 천재는 타고난 '재주'를 가지고 있는 사람이라는 뜻이에요.
더 나아가 1단계 교재에서 배운, '타고나다'라는 뜻의 한자 '하늘 천'을 기억한다면,
'천재'라는 단어의 뜻을 훨씬 더 명확하게 유추해 낼 수 있겠지요?

<초등 국어 한자가 어휘력이다 2단계>에서는
이렇게 한자의 모양, 뜻, 소리를 통해서 나의 어휘력을 쑥쑥 키울 수 있어요.
그럼 더 나아가 볼까요?

1단원
과학

다음 글자를 보고,
떠오르는 단어를 자유롭게 말해 보세요.

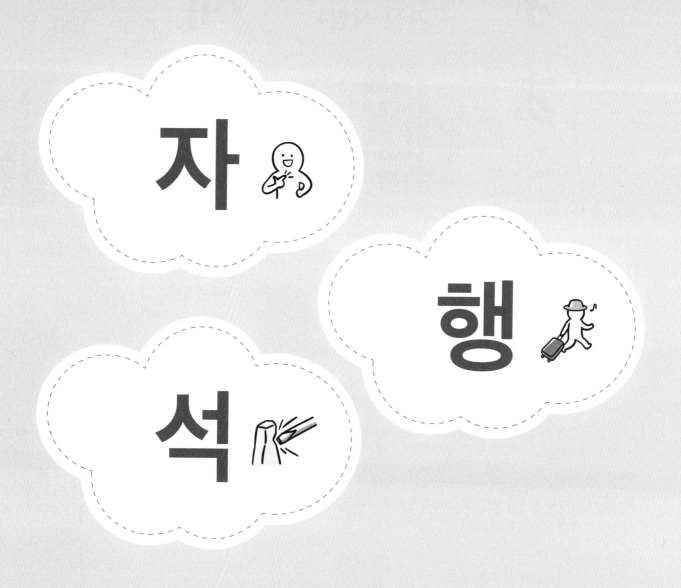

1. 스스로 자

자

1 다음 단어들을 큰 **소리로** 읽어 보세요.

자기

자신감

자전거

자동차

2 모든 단어에
똑같이 들어 있는 글자에 ◯ 하세요.

3 모든 단어 속에
숨어 있는 공통 한자에 ◯ 하세요.

자신감

자전거

자동차

그 사람 **스스로**

自신감

스스로 굳게 믿는 느낌

自전거

두 발로 바퀴를 굴리면
스스로 나아가는 탈것

自동차

엔진의 힘으로 **스스로** 움직이는 탈것

공통 글자를 쓰세요.

모양 | 뜻 | 소리

自 | 스스로 | 자

스스로를 말할 때 가리키는
코의 모양이에요.

4 **한자의 이름을** 따라 쓰세요.

스스로 자

스스로 자

5 단어에 '自(자)'가 숨어 있으면, 그 단어에는 '스스로'의 뜻이 들어 있어요.
다음 단어들을 **한글로** 쓴 다음, 옆의 뜻풀이를 읽고 '**自(자)'의 뜻에** ◯ 하세요.

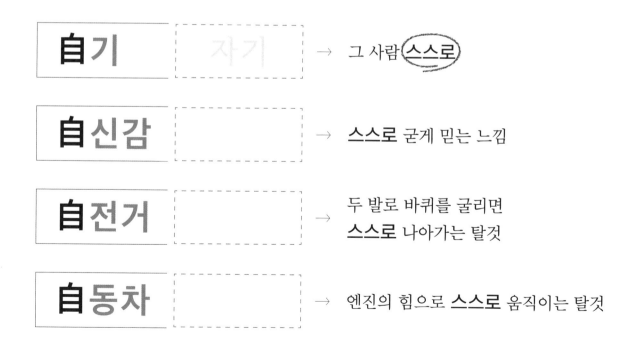

自기   자기   → 그 사람 (스스로)

自신감   → **스스로** 굳게 믿는 느낌

自전거   → 두 발로 바퀴를 굴리면 **스스로** 나아가는 탈것

自동차   → 엔진의 힘으로 **스스로** 움직이는 탈것

6 아래 글을 읽고 '自(스스로 자)'가 숨어 있는 단어를 찾아볼까요?
굵게 표시된 6개의 단어 중 '**스스로**'의 뜻이 있는 **4개의 단어**에 ◯ 하세요.

나는 (자전거)를 아주 잘 탄다.

손잡이를 잡지 않고 타도 **자신감**이 넘친다.

하지만 정말 잘 타는 것은 **자기** 스스로를

보호하는 것이니까, 위험하게 타지는 않는다.

나는 헬멧과 무릎 보호대를 꼭 **착용**하고

자동차가 없는 곳에서 안전하게 탄다.

♥ **교육과정 성취기준 1~2학년군** / 2즐01-01
즐겁게 놀이하며, 건강하고 안전하게 생활한다.

오늘 배운 4개의 단어 이외에
'自(스스로 자)'가 숨어 있는 단어를
생각해 보세요.

2. 다닐 행

행

1 다음 단어들을 큰 소리로 읽어 보세요.

여**행**

유**행**

비**행**기

행동

2 모든 단어에
똑같이 들어 있는 글자에 ◯ 하세요.

3 모든 단어 속에
숨어 있는 공통 한자에 ◯ 하세요.

여	여
	집을 떠나 다른 지역을 **다니는** 일
유**행**	유**行**
	사람들에게 널리 퍼져서 돌아**다님**
비**행**기	비**行**기
	하늘을 날아서 **다니는** 탈것
행동	**行**동
	몸을 움직여 어떤 일을 **함**

공통 글자를 쓰세요.

(모양)　　　　　(뜻)　　　　　(소리)

行 | 다니다, 하다 | 행

사람들이 다니는 사거리의 모양이에요.

4 **한자의 이름을** 따라 쓰세요.

다닐 행

다닐 행

---

5 단어에 '行(행)'이 숨어 있으면, 그 단어에는 '다니다, 하다'의 뜻이 들어 있어요.
다음 단어들을 **한글로** 쓴 다음, 옆의 뜻풀이를 읽고 '**行(행)'의 뜻에** ◯ 하세요.

| 여行 | 여 행 | → | 집을 떠나 다른 지역을 일 |

| 유行 | | → | 사람들에게 널리 퍼져서 **돌아다님** |

| 비行기 | | → | 하늘을 날아서 **다니는** 탈것 |

| 行동 | | → | 몸을 움직여 어떤 일을 **함** |

6 아래 글을 읽고 '行(다닐 행)'이 숨어 있는 단어를 찾아볼까요?
굵게 표시된 6개의 단어 중 '**다니다, 하다**'의 뜻이 있는 **4개**의 단어에 ◯ 하세요.

가족들과 **비행기**를 타고 중국 **여행**을 간다.

오늘 그 나라에 대해서 미리 **조사**를 해 보았다.

중국은 세계에서 **인구**가 가장 많은 나라이다.

요즘은 한국 문화가 **유행**하고 있다고 한다.

외국에 나가면 내가 한국인의 얼굴이나

다름없으니, 항상 조심스럽게 **행동**해야겠다.

♥ **교육과정 성취기준 1~2학년군** / 2슬02-03
알고 싶은 나라를 탐구하며 다른 나라에 관심을 갖는다.

오늘 배운 4개의 단어 이외에
'行(다닐 행)'이 숨어 있는 단어를
생각해 보세요.

3. 돌 석

석

① 다음 단어들을 큰 **소리로** 읽어 보세요.

자**석**

보**석**

석유

석공

2 모든 단어에
똑같이 들어 있는 글자에 ◌ 하세요.

3 모든 단어 속에
숨어 있는 공통 한자에 ◌ 하세요.

자

자石

쇠붙이를 끌어당기는 힘을 띤 **돌**

보석

보石

매우 귀하고 값비싼 **돌**

석유

石유

땅속의 **돌** 사이에서 나는 기름

석공

石공

돌로 물건을 만드는 사람

石

공통 글자를 쓰세요.

모양　　　　뜻　　　　소리

石 돌 석

절벽 아래로 돌덩이가 떨어지는
모양이에요.

4 한자의 이름을
따라 쓰세요.

| 돌 석 |
| 돌 석 |
| |

5 단어에 '石(석)'이 숨어 있으면, 그 단어에는 '돌'의 뜻이 들어 있어요.
다음 단어들을 **한글로** 쓴 다음, 옆의 뜻풀이를 읽고 **'石(석)'의 뜻에** ◯ 하세요.

| 자石 | 자석 | → 쇠붙이를 끌어당기는 힘을 띤 돌 |

| 보石 | | → 매우 귀하고 값비싼 돌 |

| 石유 | | → 땅속의 돌 사이에서 나는 기름 |

| 石공 | | → 돌로 물건을 만드는 사람 |

6 아래 글을 읽고 '石(돌 석)'이 숨어 있는 단어를 찾아볼까요?
굵게 표시된 6개의 단어 중 '**돌**'**의 뜻이 있는 4개의 단어에** ◯ 하세요.

친구들과 함께 **시장** 놀이를 했다.

나는 돌멩이로 탑을 쌓는 **석공**이 되었고,

민서는 반짝이는 돌을 골라 **보석** 가게를 열었다.

주유소 사장님이 된 유나는 빈 통에 흙탕물을

담아 **석유**라고 하며 팔았다. 문방구 **주인**이 된

지예는 냉장고에 붙이는 **자석**을 가져와 팔았다.

♥ **교육과정 성취기준 1~2학년군** / 2즐04-01
주변의 물건을 활용하여 놀잇감을 만든다.

오늘 배운 4개의 단어 이외에
'石(돌 석)'이 숨어 있는 단어를
생각해 보세요.

중

1 다음 단어들을 큰 **소리로** 읽어 보세요.

중심

중앙

공중

집중

2 모든 단어에
똑같이 들어 있는 글자에 ◌ 하세요.

3 모든 단어 속에
숨어 있는 공통 한자에 ◌ 하세요.

 중심

中심

어떤 것의 **가운데**

중앙

中앙

어떤 것의 **가운데**가 되는 곳

공중

공中

하늘과 땅 **가운데**의 빈 곳

집중

집中

한곳을 **가운데**로 하여 모임

 中

공통 글자를 쓰세요.

모양	뜻	소리
中	가운데	중

한가운데에 꽂은 깃발의 모양이에요.

④ **한자의 이름을** 따라 쓰세요.

가운데 중

가운데 중

⑤ 단어에 '中(중)'이 숨어 있으면, 그 단어에는 '가운데'의 뜻이 들어 있어요.
다음 단어들을 **한글로** 쓴 다음, 옆의 뜻풀이를 읽고 '**中(중)**'의 뜻에 ◯ 하세요.

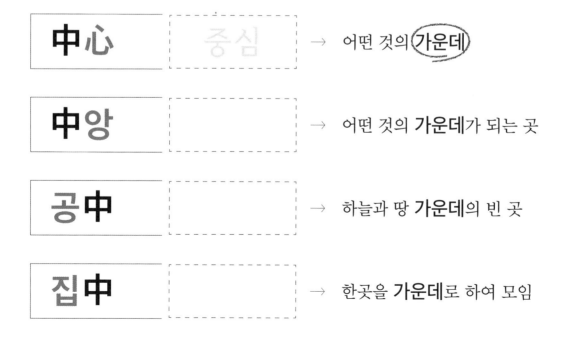

中心	중심	→ 어떤 것의 (가운데)
中앙		→ 어떤 것의 **가운데**가 되는 곳
공中		→ 하늘과 땅 **가운데**의 빈 곳
집中		→ 한곳을 **가운데**로 하여 모임

6 아래 글을 읽고 '中(가운데 중)'이 숨어 있는 단어를 찾아볼까요?
굵게 표시된 6개의 단어 중 '**가운데**'의 뜻이 있는 **4개의 단어**에 ◯ 하세요.

미술 시간에 **종이**에 무늬 만들기 놀이를 했다.

나는 동그라미를 **중심**에 놓고, 왼쪽에는 세모,

오른쪽에는 네모 모양의 **도장**을 찍었다.

다 만든 무늬는 **공중**에 매달아 장식했다.

선생님께서 내 것을 교실 **중앙**에 달아 주셨다.

내 작품을 **집중**해서 볼 수 있어서 뿌듯했다.

♥ 교육과정 성취기준 1~2학년군 / 2수02-02
자신이 정한 규칙에 따라 물체, 무늬, 수 등을 배열할 수 있다.

오늘 배운 4개의 단어 이외에
'中(가운데 중)'이 숨어 있는 단어를
생각해 보세요.

1 다음 단어들을 큰 **소리로** 읽어 보세요.

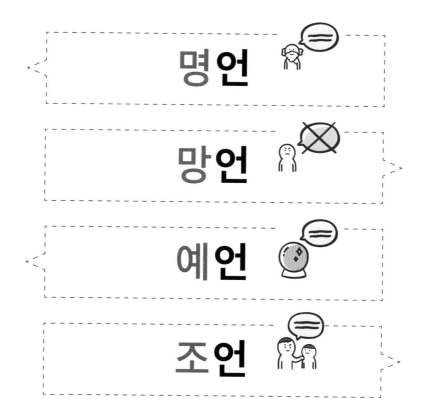

명**언**

망**언**

예**언**

조**언**

2 모든 단어에
똑같이 들어 있는 글자에 ◯ 하세요.

3 모든 단어 속에
숨어 있는 공통 한자에 ◯ 하세요.

명⟨언⟩

명**言**

훌륭하여 널리 알려진 **말**

망언

망**言**

잘못된 **말**

예언

예**言**

앞으로 일어날 일을
미리 짐작하여 하는 **말**

조언

조**言**

도움이 되도록 깨우쳐 주는 **말**

言

공통 글자를 쓰세요.

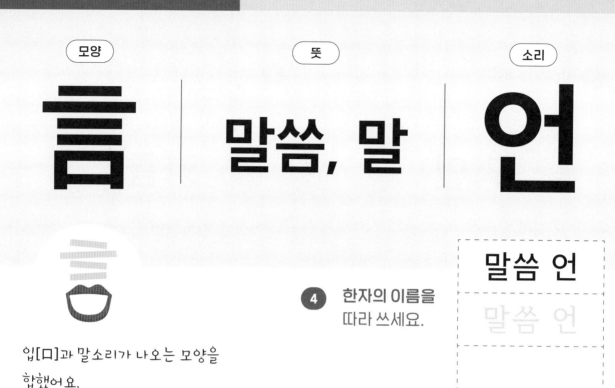

(모양)　　(뜻)　　(소리)

言 | 말씀, 말 | 언

입[口]과 말소리가 나오는 모양을
합했어요.

4 한자의 이름을
따라 쓰세요.

말씀 언

말씀 언

---

5 단어에 '言(언)'이 숨어 있으면, 그 단어에는 '말'의 뜻이 들어 있어요.
다음 단어들을 **한글로** 쓴 다음, 옆의 뜻풀이를 읽고 **'言(언)'의 뜻**에 ◯ 하세요.

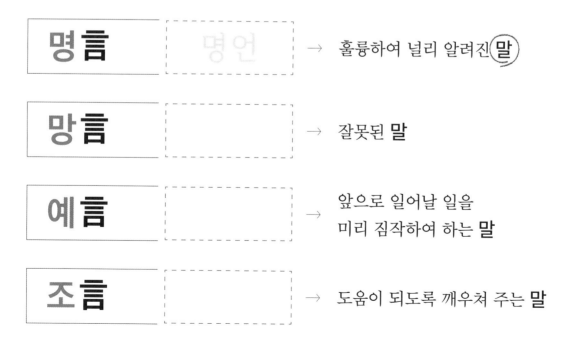

명言　　명언　　→　훌륭하여 널리 알려진 (말)

망言　　　　　　→　잘못된 **말**

예言　　　　　　→　앞으로 일어날 일을
　　　　　　　　　　　미리 짐작하여 하는 **말**

조言　　　　　　→　도움이 되도록 깨우쳐 주는 **말**

6 아래 글을 읽고 '言(말씀 언)'이 숨어 있는 단어를 찾아볼까요?
굵게 표시된 6개의 단어 중 **'말'의 뜻이 있는 4개의 단어**에 ○ 하세요.

옆집 삼촌이 오늘부터 매일 **운동**을 할 거라고,

나에게도 운동을 꼭 해야 한다고 **조언**했다.

자기도 살만 빼면 엄청난 **미남**이라나?

곧 자기가 동네 최고의 미남이 될 거라 **예언**했다.

옆에서 듣고 계시던 고모가 **망언**을 그만두라며,

"진정한 아름다움은 마음!" 하고 **명언**을 남겼다.

♥ **교육과정 성취기준 1~2학년군** / 2즐01-03
가족이나 주변 사람과 소통하며 어울린다.

오늘 배운 4개의 단어 이외에
'言(말씀 언)'이 숨어 있는 단어를
생각해 보세요.

6. 바를 정

1 다음 단어들을 큰 소리로 읽어 보세요.

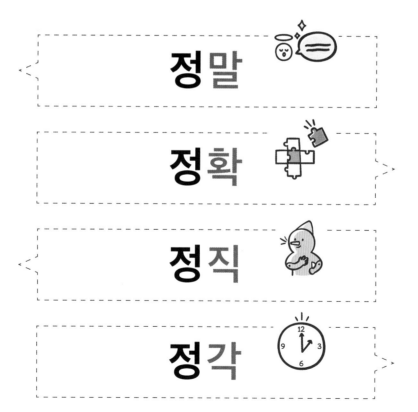

정말

정확

정직

정각

2 모든 단어에
똑같이 들어 있는 글자에 ◯ 하세요.

3 모든 단어 속에
숨어 있는 공통 한자에 ◯ 하세요.

거짓이 없이 **바른** 말

정확

正확

바르고 확실함

정직

正직

바르고 곧음

정각

正각

틀림없는 **바로** 그 시간

공통 글자를 쓰세요.

(모양)　　　　　　(뜻)　　　　　　(소리)

正 | 바르다, 바로 | 정

목적지[一]로 나아가는[止] 발의
모양을 합했어요.

4 **한자의 이름을**
따라 쓰세요.

바를 정

~~바를 정~~

---

5 단어에 '正(정)'이 숨어 있으면, 그 단어에는 '바르다, 바로'의 뜻이 들어 있어요.
다음 단어들을 **한글로** 쓴 다음, 옆의 뜻풀이를 읽고 **'正(정)'의 뜻에** ◯ 하세요.

| 正말 | ~~정말~~ | → | 거짓이 없이 말 |

| 正확 | | → | **바르고** 확실함 |

| 正직 | | → | **바르고** 곧음 |

| 正각 | | → | 틀림없는 **바로** 그 시간 |

6 아래 글을 읽고 '正(바를 정)'이 숨어 있는 단어를 찾아볼까요?
굵게 표시된 6개의 단어 중 '**바르다, 바로**'의 뜻이 있는 **4개의 단어**에 ◯ 하세요.

오늘 학교에서 **시계** 보는 방법을 배웠다.

시계의 긴바늘이 **정확**히 숫자 12에 있으면,

정각 몇 시라고 말할 수 있는 시간이다.

시계는 누가 **감시**하고 있는 것도 아닌데,

정직하게 쉬지도 않고 계속해서 움직인다.

덕분에 시간을 알 수 있어 **정말** 고마운 일이다.

♥ **교육과정 성취기준 1~2학년군** / 2수03-07
시계를 보고 시각을 '몇 시 몇 분'까지 읽을 수 있다.

오늘 배운 4개의 단어 이외에
'正(바를 정)'이 숨어 있는 단어를
생각해 보세요.

불

1 다음 단어들을 큰 **소리로** 읽어 보세요.

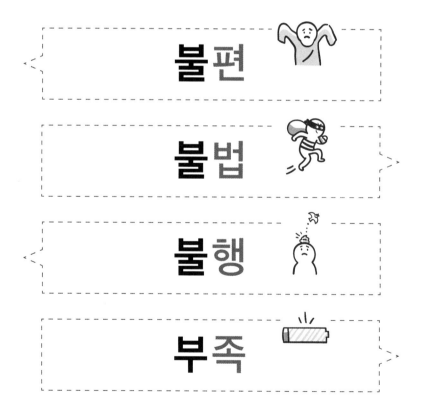

불**편**

불**법**

불**행**

부족

2 모든 단어에
똑같이 들어 있는 글자에 ◯ 하세요.

불법

불행

*부족

* '불'을 '부'로 읽기도 해요.

공통 글자를 쓰세요.

3 모든 단어 속에
숨어 있는 공통 한자에 ◯ 하세요.

편하지 **않음**

不법

법에 맞지 **않음**

不행

행복하지 **않음**

不족

넉넉하지 **않음**

모양	뜻	소리
不	아니다, 않다	불/부*

* '不'이 'ㄷ, ㅈ' 앞에 오면 보통 '부'로 읽어요.

아직 싹이 나지 않은
땅속 씨앗의 모양이에요.

4 한자의 이름을
따라 쓰세요.

아닐 불

아닐 불

---

5 단어에 '不(불)'이 숨어 있으면, 그 단어에는 '않다'의 뜻이 들어 있어요.
다음 단어들을 **한글로** 쓴 다음, 옆의 뜻풀이를 읽고 **'不(불)'의 뜻에** ◯ 하세요.

不편	불편	→ 편하지 **않음**
不법		→ 법에 맞지 **않음**
不행		→ 행복하지 **않음**
不족		→ 넉넉하지 **않음**

6 아래 글을 읽고 '不(아닐 불)'이 숨어 있는 단어를 찾아볼까요?
굵게 표시된 6개의 단어 중 '**않다**'의 뜻이 있는 **4개의 단어**에 ◯ 하세요.

집에 있는데 갑자기 거실 **전등**이 꺼졌다.

빛이 **부족**해서 아무것도 안 보여 더듬더듬하다

불행하게도 장난감을 밟아 발을 다쳤다.

여름에 사람들이 **전기**를 너무 많이 쓰면,

이렇게 **불편**하게 전기가 끊어지기도 한다.

불법이 아니더라도 안 쓰는 물건의 플러그는

항상 빼 놓아야겠다.

♥ **교육과정 성취기준 1~2학년군** / 2바03-04
공동체 속에서 지속가능성을 위한 삶의 방식을 찾아 실천한다.

오늘 배운 4개의 단어 이외에
'不(아닐 불)'이 숨어 있는 단어를
생각해 보세요.

自신감

[   ] → [스스로] 굳게 믿는 느낌

유行

[   ] → 사람들에게

널리 퍼져서 돌아 [다님]

자石

[   ] → 쇠붙이를 끌어당기는

힘을 띤 [돌]

中심

[   ] → 어떤 것의 [가운데]

혹시 기억이 나지 않는다면,
앞에서 배운 부분을
다시 한번 찾아보세요.

自 10~13쪽
行 14~17쪽
石 18~21쪽
中 22~25쪽

言 26~29쪽
正 30~33쪽
不 34~37쪽

집中

→ 한곳을

가운데 로 하여 모임

명言

→ 훌륭하여 널리 알려진 말

正각

→ 틀림없는 바로 그 시간

不편

→ 편하지 않음

사회

다음 글자를 보고,
떠오르는 단어를 자유롭게 말해 보세요.

1. 재주 재

재

1 다음 단어들을 큰 **소리로** 읽어 보세요.

재능

재치

천재

영재

② 모든 단어에
똑같이 들어 있는 글자에 ○ 하세요.

③ 모든 단어 속에
숨어 있는 공통 한자에 ○ 하세요.

재주와 능력

재치

才치

눈치 빠른 **재주**

천재

천才

타고난 **재주를** 가진 사람

영재

영才

뛰어난 **재주를** 가진 사람

공통 글자를 쓰세요.

모양 | 뜻 | 소리

才 | 재주(를 가진 사람) | 재

나무가 될 가능성을 가진
새싹의 모양이에요.

4 **한자의 이름을**
따라 쓰세요.

재주 재

재주 재

5 단어에 '才(재)'가 숨어 있으면, 그 단어에는 '재주(를 가진 사람)'의 뜻이 들어 있어요.
다음 단어들을 **한글로** 쓴 다음, 옆의 뜻풀이를 읽고 '**才(재)**'의 뜻에 ◯ 하세요.

才능 | 재능 | → ⦵재주⦵와 능력

才치 | | → 눈치 빠른 **재주**

天才 | | → 타고난 **재주를 가진 사람**

영才 | | → 뛰어난 **재주를 가진 사람**

6 아래 글을 읽고 '才(재주 재)'가 숨어 있는 단어를 찾아볼까요? 굵게 표시된
6개의 단어 중 '**재주(를 가진 사람)**'의 뜻이 있는 **4개의 단어**에 ◯ 하세요.

가수가 춤추는 **영상**을 보고 따라 해 보았는데,

엄마가 깜짝 놀라셨다. 내가 춤에 재능이 있다고,

아무래도 춤 **영재**인 것 같다고 하셨다.

나는 텔레비전에 나와서 **재치** 있게 인터뷰하는

나의 미래 모습을 **상상**해 보았다.

"저는 가수 영상을 따라 춤추는 걸 좋아했어요.

천재 소리도 자주 들었지요. 호호."

♥ **교육과정 성취기준 1~2학년군** / 2슬03-03
관심 있는 대상의 과거와 현재를 살펴보고 미래를 상상한다.

오늘 배운 4개의 단어 이외에
'才(재주 재)'가 숨어 있는 단어를
생각해 보세요.

2. 장인 공

① 다음 단어들을 큰 **소리로** 읽어 보세요.

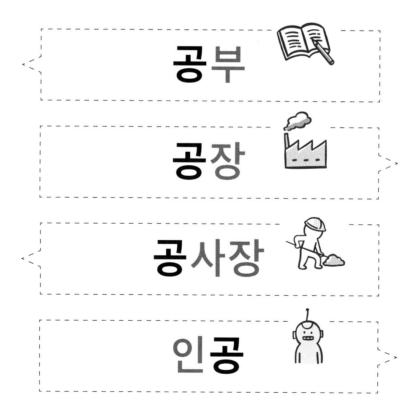

공부

공장

공사장

인공

2 모든 단어에
똑같이 들어 있는 글자에 ◯ 하세요.

공장

공사장

인공

공통 글자를 쓰세요.

3 모든 단어 속에
숨어 있는 공통 한자에 ◯ 하세요.

학문이나 **기술**을 배움

工장

물건을 **만들어** 내는 곳

工사장

건물 등을 새로 **만들거나** 고치는 곳

인工

사람이 **만들어** 낸 것

工

모양　　　　　　뜻　　　　　소리

工 | 장인,* 기술, 만들다 | 공

* 손으로 물건 만드는 일을 직업으로 하는 사람이에요.

工

장인이 사용하는 도구의 모양이에요.

4 **한자의 이름을** 따라 쓰세요.

장인 공

장인 공

5 단어에 '工(공)'이 숨어 있으면, 그 단어에는 '기술, 만들다'의 뜻이 들어 있어요.
다음 단어들을 **한글로** 쓴 다음, 옆의 뜻풀이를 읽고 '工(공)'의 뜻에 ◯ 하세요.

工夫	공부	→ 학문이나 **기술**을 배움
工場		→ 물건을 **만들어** 내는 곳
工사장		→ 건물 등을 새로 **만들거나** 고치는 곳
人工		→ 사람이 **만들어** 낸 것

6 아래 글을 읽고 '工(장인 공)'이 숨어 있는 단어를 찾아볼까요?
굵게 표시된 6개의 단어 중 '**기술, 만들다**'의 뜻이 있는 **4개의 단어**에 ◯ 하세요.

(공부)를 마치고 집으로 가는 큰길가에서

친구와 술래잡기를 하며 장난을 쳤다.

바닥에 **인공** 분수가 있는 줄도 모르고 뛰다가

친구가 주르륵 미끄러졌다. 나도 친구를 쫓다가

공장을 허물고 새 건물을 짓고 있는 **공사장**

근처에서 나무판자를 밟고 꽈당 넘어졌다.

♥ **교육과정 성취기준 1~2학년군** / 2국01-01
중요한 내용이나 일이 일어난 순서를 고려하며 듣고 말한다.

오늘 배운 4개의 단어 이외에
'工(장인 공)'이 숨어 있는 단어를
생각해 보세요.

3. 백성 민

① 다음 단어들을 큰 **소리로** 읽어 보세요.

주민

농민

민요

민속

2 모든 단어에
똑같이 들어 있는 글자에 ○ 하세요.

3 모든 단어 속에
숨어 있는 공통 한자에 ○ 하세요.

주

주

일정한 지역에 사는 **사람**

농민

농民

농사짓는 일을
직업으로 하는 **사람**

민요

民요

예로부터 **일반 사람들**
사이에서 불려 오던 노래

민속

民속

일반 사람들의 오랜 습관이나 문화

공통 글자를 쓰세요.

모양	뜻	소리
民	백성, (일반) 사람	민

노예로 만들기 위해
사람의 눈을 찌르는 모양이에요.

4 한자의 이름을
따라 쓰세요.

백성 민

백성 민

5 단어에 '民(민)'이 숨어 있으면, 그 단어에는 '(일반) 사람'의 뜻이 들어 있어요.
다음 단어들을 **한글로** 쓴 다음, 옆의 뜻풀이를 읽고 '**民(민)**'의 뜻에 ○ 하세요.

주民 [주민] → 일정한 지역에 사는

농民 [   ] → 농사짓는 일을 직업으로 하는 **사람**

民요 [   ] → 예로부터 **일반 사람들**
사이에서 불려 오던 노래

民속 [   ] → **일반 사람들**의 오랜 습관이나 문화

6 아래 글을 읽고 '民(백성 민)'이 숨어 있는 단어를 찾아볼까요?
굵게 표시된 6개의 단어 중 '(일반) 사람'의 뜻이 있는 **4개의 단어**에 ◯ 하세요.

추석에 아빠와 함께 동네 (주민) 센터를 찾아갔다.

어르신들은 중앙에서 장기를 두고 계셨다.

나는 동네 사람들과 함께 추석 **음식**도 만들고,

손을 잡고 둥글게 돌며 **민속**놀이도 했다.

나도 "강강술래" 하고 신나게 따라 외쳤다.

강강술래는 옛날부터 **농민**들이 하던 놀이이고,

그때 부르던 노래들을 바로 **민요**라고 한다.

♥ **교육과정 성취기준 1~2학년군** / 2즐03-03
전통문화를 새롭게 표현한다.

오늘 배운 4개의 단어 이외에
'民(백성 민)'이 숨어 있는 단어를
생각해 보세요.

4. 시장 시

1 다음 단어들을 큰 소리로 읽어 보세요.

시장

도시

시내

시민

② 모든 단어에
똑같이 들어 있는 글자에 ◯ 하세요.

③ 모든 단어 속에
숨어 있는 공통 한자에 ◯ 하세요.

 시장

 市장

사람이 많이 모여 물건을 사고파는 곳

도시

도市

사람이 많이 모여 사는 지역

시내

市내

사람이 많은 도시의 안

시민

市민

사람이 많은 도시에 사는 사람

공통 글자를 쓰세요.

모양	뜻	소리
市	시장, 사람이 많은 곳	시

사람이 많은 곳으로
옷[巾]을 입고 가는[亠] 모양을
합했어요.

④ **한자의 이름을**
따라 쓰세요.

시장 시

시장 시

⑤ 단어에 '市(시)'가 숨어 있으면, 그 단어에는 '사람이 많은 곳'의 뜻이 들어 있어요.
다음 단어들을 **한글로** 쓴 다음, 옆의 뜻풀이를 읽고 '**市(시)'의 뜻에** ◯ 하세요.

市장	시장	→	(사람이 많이)모여 물건을 사고파는 곳
도市		→	**사람이 많이** 모여 사는 지역
市내		→	**사람이 많은** 도시의 안
市民		→	**사람이 많은** 도시에 사는 사람

6 아래 글을 읽고 '市(시장 시)'가 숨어 있는 단어를 찾아볼까요?
굵게 표시된 6개의 단어 중 '**사람이 많은 곳**'의 뜻이 있는 **4개의 단어**에 ⭕ 하세요.

내가 사는 동네는 사람이 많은 (**도시**)이다.

나는 주말마다 부모님과 함께 **시내**에 간다.

그곳에는 **시장**, 서점 등 다양한 볼거리가 있다.

시민 회관에서 하는 **인형극**도 구경했다.

집에 올 때는 단골 분식집에 꼭 들른다.

난 우리 동네가 **정말** 좋다.

♥ 교육과정 성취기준 1~2학년군 / 2국06-02
일상의 경험과 생각을 글과 그림으로 표현한다.

오늘 배운 4개의 단어 이외에
'市(시장 시)'가 숨어 있는 단어를
생각해 보세요.

5. 설립

1 다음 단어들을 큰 **소리로** 읽어 보세요.

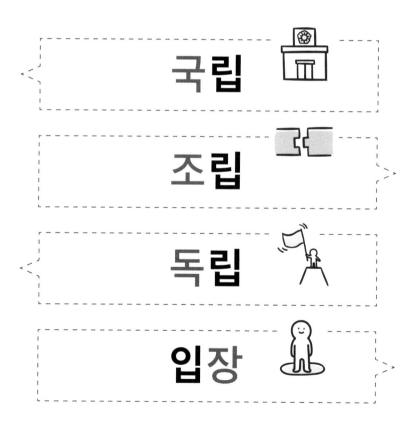

국립

조립

독립

입장

2 모든 단어에
똑같이 들어 있는 글자에 ◯ 하세요.

조**립**

독**립**

***입**장

* '립'을 '입'으로 읽기도 해요.

공통 글자를 쓰세요.

3 모든 단어 속에
숨어 있는 공통 한자에 ◯ 하세요.

나라에서 **세우고** 관리함

조**立**

여러 부품을 하나로 짜 맞추어 **세움**

독**立**

남에게 기대지 않고 홀로 **서 있음**

立장

서 있는 형편이나 상황

(모양)   (뜻)   (소리)

立 | 서다, 세우다 | 립/입 *

* '립'이 단어 첫머리에 오면 '입'이라고 읽어요.

사람이 땅 위에 서 있는 모양이에요.

4 한자의 이름을
따라 쓰세요.

설 립

설 립

5 단어에 '立(립)'이 숨어 있으면, 그 단어에는 '서다, 세우다'의 뜻이 들어 있어요.
다음 단어들을 **한글로** 쓴 다음, 옆의 뜻풀이를 읽고 **'立(립)'의 뜻에** ◯ 하세요.

국**立** 국립   → 나라에서 (세우고) 관리함

조**立** [ ]   → 여러 부품을 하나로 짜 맞추어 **세움**

독**立** [ ]   → 남에게 기대지 않고 홀로 **서 있음**

立장 [ ]   → **서 있는** 형편이나 상황

6 아래 글을 읽고 '立(설 립)'이 숨어 있는 단어를 찾아볼까요?
굵게 표시된 6개의 단어 중 '**서다, 세우다**'의 뜻이 있는 **4개**의 단어에 ○ 하세요.

할아버지는 우리나라의 **독립**을 위해 힘쓰시다가

돌아가셨기 때문에 **국립** 현충원에 묻혀 계시다.

할아버지께서는 돌아가시기 **직전**까지

북한에 계신 할머니를 많이 그리워하셨다.

나도 할아버지의 **입장**을 충분히 이해할 수 있다.

아직도 떨어져 계신 분들을 위해

둘로 떨어진 우리나라를 하나로 **조립**하고 싶다.

♥ **교육과정 성취기준 1~2학년군** / 2바02-02
우리나라의 소중함을 알고 사랑하는 마음을 기른다.

오늘 배운 4개의 단어 이외에
'立(설 립)'이 숨어 있는 단어를
생각해 보세요.

동서남북

1 다음 단어들을 큰 **소리로** 읽어 보세요.

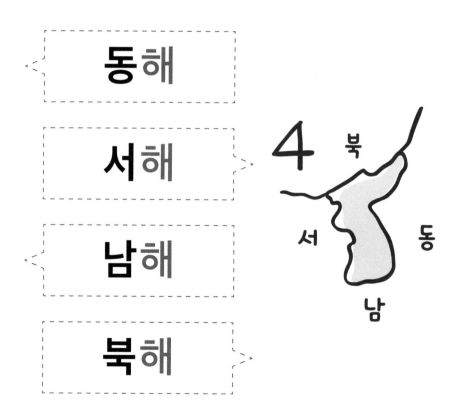

동해

서해

남해

북해

2 다음 단어에서 **어느 쪽인지를 나타내는** 글자에 ◯ 하세요.

3 다음 단어 속에 **숨어 있는** 한자에 ◯ 하세요.

해

해

동쪽에 있는 바다

서해

西해

서쪽에 있는 바다

남해

南해

남쪽에 있는 바다

북해

北해

북쪽에 있는 바다

동서남북

東西南北

글자를 쓰세요.

모양	東	西	南	北
뜻	동쪽	서쪽	남쪽	북쪽
소리	동	서	남	북

나무[木] 위로 해[日]가 떠오르는 모양이에요.	해가 지면 돌아가는 새의 둥지 모양이에요.	울타리를 치고 양[羊]을 키우는 모양이에요.	두 사람이 서로 등지고 있는 모양이에요.

4 **한자의 이름을** 따라 쓰세요.

동녘 동	서녘 서	남녘 남	북녘 북

5 단어에 '東(동), 西(서), 南(남), 北(북)'이 숨어 있으면, 그 단어에는 방향의 뜻이 있어요. 다음 단어들을 **한글로** 쓴 다음, 옆의 뜻풀이를 읽고 **각 한자의 뜻에** ◌ 하세요.

東해	동해	→ ⬭동쪽에 있는 바다
西해		→ 서쪽에 있는 바다
南해		→ 남쪽에 있는 바다
北해		→ 북쪽에 있는 바다

6 아래 글을 읽고 '東', '西', '南', '北'이 숨어 있는 단어를 찾아볼까요?
굵게 표시된 6개의 단어 중 **'방향'의 뜻이 있는 4개의 단어**에 ○ 하세요.

우리나라 지도는 앞발을 든 호랑이 **모양**이다.

우리나라는 독도가 있는 (**동해**), 갯벌이 있는 **서해**,

섬이 많은 **남해**로 둘러싸여 있다. 위쪽으로는

북한이 중국과 이어져 있어서 **북해**는 없다.

세 면이 **바다**로 둘러싸인 우리나라와 달리,

북한은 동쪽과 서쪽에만 바다가 있다.

♥ **교육과정 성취기준 1~2학년군** / 2슬02-02
우리나라의 모습이나 문화를 조사한다.

오늘 배운 4개의 단어 이외에
'東', '西', '南', '北'이 숨어 있는 단어를
생각해 보세요.

① 다음 단어들을 큰 소리로 읽어 보세요.

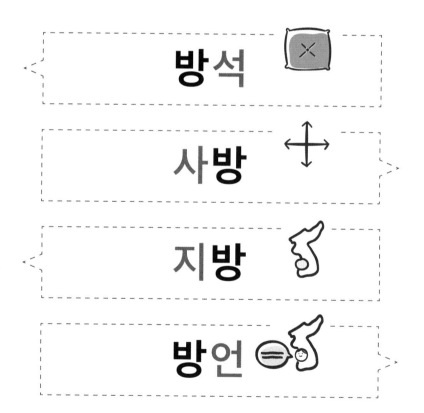

방석

사방

지방

방언

2 모든 단어에
똑같이 들어 있는 글자에 ○ 하세요.

3 모든 단어 속에
숨어 있는 공통 한자에 ○ 하세요.

석

석

깔고 앉는 **네모**난 것

사**방**

사**方**

동, 서, 남, 북의 네 **방향**

지**방**

지**方**

어느 한 **방향**의 땅

방언

方언

어느 한 **방향**의 땅에서만 쓰는
독특한 말

方

공통 글자를 쓰세요.

모양	뜻	소리
方	**네모, 방향**	**방**

배 두 척을 나란히 대 놓은
모서리의 모양이에요.

4 **한자의 이름을** 따라 쓰세요.

네모 방

네모 방

5 단어에 '方(방)'이 숨어 있으면, 그 단어에는 '네모, 방향'의 뜻이 들어 있어요.
다음 단어들을 **한글로** 쓴 다음, 옆의 뜻풀이를 읽고 '**方(방)'의 뜻에** ◯ 하세요.

方석	방석	→	깔고 앉는 (네모)난 것
四方		→	동, 서, 남, 북의 네 **방향**
지**方**		→	어느 한 **방향**의 땅
方言		→	어느 한 **방향**의 땅에서만 쓰는 독특한 말

6 아래 글을 읽고 '方(네모 방)'이 숨어 있는 단어를 찾아볼까요?
굵게 표시된 6개의 단어 중 '네모, 방향'의 뜻이 있는 **4개의 단어**에 ⃝ 하세요.

미용실 아주머니는 말을 **재미**있게 하신다.

그래서 아주머니가 마을 회관에 나오시기만 하면,

사람들이 **방석**을 들고 **사방**에 모여 앉는다.

아주머니는 멀리 떨어진 **지방**에서 오셔서

가끔 내가 못 알아듣는 **방언**으로 말씀하시지만,

나는 아주머니와 **대화**하는 게 참 즐겁다.

♥ **교육과정 성취기준 1~2학년군** / 2국01-05
듣기와 말하기에 관심과 흥미를 가진다.

오늘 배운 4개의 단어 이외에
'方(네모 방)'이 숨어 있는 단어를
생각해 보세요.

才치

[   ] → 눈치 빠른 재주

工장

[   ] → 물건을 만들어 내는 곳

民요

[   ] → 예로부터 일반 사람들

사이에서 불려 오던 노래

市장

[   ] → 사람이 많이 모여

물건을 사고파는 곳

혹시 기억이 나지 않는다면,
앞에서 배운 부분을
다시 한번 찾아보세요.

才 42~45쪽
工 46~49쪽
民 50~53쪽
市 54~57쪽

立 58~61쪽
東 62~65쪽
方 66~69쪽

市민 → 사람이 많은

도시에 사는 사람

독立 → 남에게 기대지 않고

홀로 서 있음

東해 → 동쪽 에 있는 바다

사方 → 동, 서, 남, 북의 네 방향

3단원

일상생활

다음 글자를 보고,
떠오르는 단어를 자유롭게 말해 보세요.

출

1 다음 단어들을 큰 소리로 읽어 보세요.

출발

출석

출근

출입문

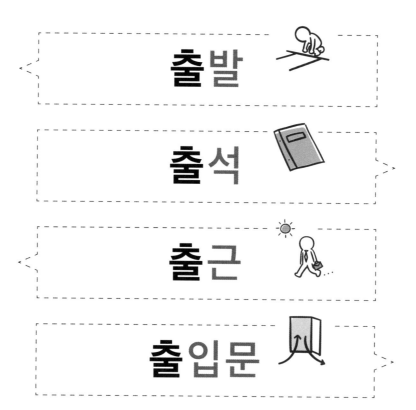

2 모든 단어에
똑같이 들어 있는 글자에 ◯ 하세요.

3 모든 단어 속에
숨어 있는 공통 한자에 ◯ 하세요.

발

발

어떤 곳을 향하여 **나감**

석

出석

어떤 자리에 **나가** 함께함

근

出근

일하러 직장으로 **나감**

출입문

出입문

나가고 들어오는 문

공통 글자를 쓰세요.

모양 | 뜻 | 소리

出 | 나다, 나가다 | 출

땅속에서 바깥으로
싹이 나는 모양이에요.

4 **한자의 이름을**
따라 쓰세요.

날 출

날 출

5 단어에 '出(출)'이 숨어 있으면, 그 단어에는 '나가다'의 뜻이 들어 있어요.
다음 단어들을 **한글로** 쓴 다음, 옆의 뜻풀이를 읽고 **'出(출)'의 뜻**에 ◯ 하세요.

出발 | 출발 | → 어떤 곳을 향하여 ⟨나감⟩

出석 | | → 어떤 자리에 **나가** 함께함

出근 | | → 일하러 직장으로 **나감**

出入門 | | → **나가고** 들어오는 문

6 아래 동시를 읽고 '出(날 출)'이 숨어 있는 단어를 찾아볼까요?
굵게 표시된 6개의 단어 중 '**나가다**'의 뜻이 있는 **4개의 단어**에 ○ 하세요.

아침마다 벌어지는 시끌시끌 우리 집 운동회

엄마는 (출근) 준비, 나는 **등교** 준비

늦으면 큰일이야 우리 모두 서둘러 **출발**!

선생님이 부르시기 전에 무사히 **출석**했지요

엄마도 회사 **출입문**까지 헐레벌떡 달려갔대요

아침마다 **정신**없는 우리 집 운동회

♥ **교육과정 성취기준 1~2학년군** / 2국05-04
시나 노래, 이야기에 흥미를 가진다.

오늘 배운 4개의 단어 이외에
'出(날 출)'이 숨어 있는 단어를
생각해 보세요.

① 다음 단어들을 큰 소리로 읽어 보세요.

오 월

매 월

세 월

월급

2 모든 단어에
똑같이 들어 있는 글자에 🔵 하세요.

3 모든 단어 속에
숨어 있는 공통 한자에 🔵 하세요.

오

오

다섯째 달

매월

매月

각각의 달마다

세월

세月

해와 달이 뜨고 지며 흘러가는 시간

월급

月급

일한 대가로 달마다 받는 돈

공통 글자를 쓰세요.

모양	뜻	소리
月	**달**	**월**

달의 모양이에요.

4 **한자의 이름을** 따라 쓰세요.

달 월

달 월

---

5 단어에 '月(월)'이 숨어 있으면, 그 단어에는 '달'의 뜻이 들어 있어요.
다음 단어들을 **한글로** 쓴 다음, 옆의 뜻풀이를 읽고 '**月(월)**'의 뜻에 ◯ 하세요.

오月	오월	→ 다섯째 달
매月		→ 각각의 달마다
세月		→ 해와 달이 뜨고 지며 흘러가는 시간
月급		→ 일한 대가로 달마다 받는 돈

6 아래 글을 읽고 '月(달 월)'이 숨어 있는 단어를 찾아볼까요?
굵게 표시된 6개의 단어 중 '달'의 뜻이 있는 **4개의 단어**에 ◯ 하세요.

우리 가족은 (매월) 서로 선물을 **교환**한다.

아빠는 며칠 전 **월급**을 받았다고 하시며,

5월 어린이날 기념으로 곰 인형을 사 주셨다.

나는 동생에게 색종이로 접은 **종이학**을 주었다.

동생은 유치원에 가서 자랑할 거라며 좋아했다.

동생이 말도 잘 못하던 때가 엊그제 같은데

세월 참 빠르다.

♥ **교육과정 성취기준 1~2학년군** / 2바03-01
하루의 가치를 느끼며 지금을 소중히 여긴다.

오늘 배운 4개의 단어 이외에
'月(달 월)'이 숨어 있는 단어를
생각해 보세요.

3. 바깥 외

외

1 다음 단어들을 큰 **소리로** 읽어 보세요.

외출

외식

외투

야외

2 모든 단어에
똑같이 들어 있는 글자에 ◯ 하세요.

 출

외식

외투

야외

공통 글자를 쓰세요.

3 모든 단어 속에
숨어 있는 공통 한자에 ◯ 하세요.

 출

잠시 **밖**으로 나감

外식

밖에서 음식을 사 먹음

外투

겉옷 **바깥**에 덧입는 옷

야外

집이나 건물의 **바깥**

| 모양 | 뜻 | 소리 |

外 | 바깥, 밖 | 외

예외적으로 아침이 아닌
저녁[夕]에 점[卜]을 본다는
모양을 합했어요.

4 한자의 이름을
따라 쓰세요.

바깥 외
바깥 외

5 단어에 '外(외)'가 숨어 있으면, 그 단어에는 '바깥, 밖'의 뜻이 들어 있어요.
다음 단어들을 한글로 쓴 다음, 옆의 뜻풀이를 읽고 **'外(외)'의 뜻에** ○ 하세요.

外出 [외출] → 잠시 (밖)으로 나감

外식 [ ] → **밖**에서 음식을 사 먹음

外투 [ ] → 겉옷 **바깥**에 덧입는 옷

야外 [ ] → 집이나 건물의 **바깥**

6 아래 글을 읽고 '外(바깥 외)'가 숨어 있는 단어를 찾아볼까요?
굵게 표시된 6개의 단어 중 '**바깥, 밖**'의 뜻이 있는 **4개의 단어**에 ◯ 하세요.

할머니께서 (**외출**)하신다 하여 나도 따라나섰다.

아침저녁으로 많이 추워져서 **외투**를 챙겼다.

야외 테라스에서 사람들이 커피를 마시고,

거리의 은행나무들은 노랗게 물들어 있었다.

할머니께서 공원 **입구**에서 빵을 사 주셨는데,

외식을 하는 **기분**이 나서 더욱 신나고 즐거웠다.

♥ **교육과정 성취기준 1~2학년군** / 2슬03-01
하루의 변화와 사람들이 하루를 살아가는 모습을 탐색한다.

오늘 배운 4개의 단어 이외에
'外(바깥 외)'가 숨어 있는 단어를
생각해 보세요.

1 다음 단어들을 큰 **소리로** 읽어 보세요.

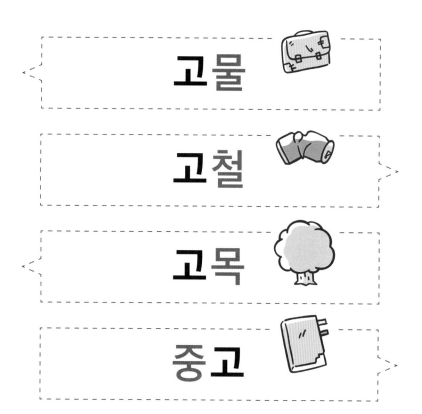

고물

고철

고목

중고

2 모든 단어에
똑같이 들어 있는 글자에 ◯ 하세요.

고철

고목

중고

공통 글자를 쓰세요.

3 모든 단어 속에
숨어 있는 공통 한자에 ◯ 하세요.

오래되어 낡은 물건

古철

오래되어 낡은 쇠

古목

오래된 나무

중古

이미 사용하였거나 **오래된** 물건

모양	뜻	소리
古	옛날, 오래되다	고

여러[十] 대에 걸쳐 입[口]으로 전해지는
모양을 합했어요.

4 **한자의 이름을** 따라 쓰세요.

옛 고

옛 고

5 단어에 '古(고)'가 숨어 있으면, 그 단어에는 '옛날, 오래되다'의 뜻이 들어 있어요.
다음 단어들을 **한글로** 쓴 다음, 옆의 뜻풀이를 읽고 '**古(고)**'의 뜻에 ○ 하세요.

古물	고 물	→	오래되어 낡은 물건
古철		→	**오래되어** 낡은 쇠
古木		→	**오래된** 나무
中古		→	이미 사용하였거나 **오래된** 물건

6 아래 글을 읽고 '古(옛 고)'가 숨어 있는 단어를 찾아볼까요?
굵게 표시된 6개의 단어 중 '**오래되다**'의 뜻이 있는 **4개의 단어**에 ◯ 하세요.

우리 동네에는 (고물)을 모으는 할머니가 계시다.

사람들이 내다 버린 **고철**이나 **중고** 가구뿐만

아니라 거리 곳곳의 쓰레기도 **매번** 주우신다.

조용히 서서 우리 동네를 지켜 주는 **고목** 같은

할머니 덕분에 골목길이 **항상** 깨끗하다.

나도 앞으로 골목의 쓰레기를 보면 주워야겠다.

♥ **교육과정 성취기준 1~2학년군** / 2바04-01
모두를 위한 생활환경을 만드는 데 참여한다.

오늘 배운 4개의 단어 이외에
'古(옛 고)'가 숨어 있는 단어를
생각해 보세요.

5. 손 수

① 다음 단어들을 큰 소리로 읽어 보세요.

세**수**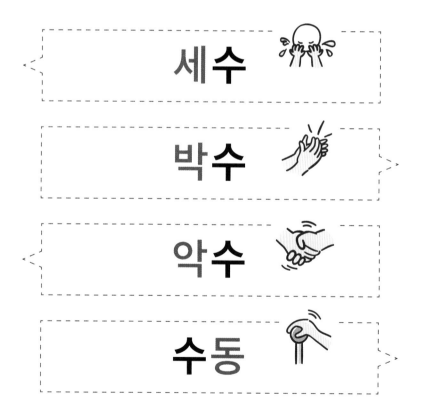

박**수**

악**수**

수동

2 모든 단어에
똑같이 들어 있는 글자에 ○ 하세요.

3 모든 단어 속에
숨어 있는 공통 한자에 ○ 하세요.

손이나 얼굴을 씻음

박**수**

박**手**

두 **손뼉**을 마주침

악**수**

악**手**

두 사람이 **손**을 내밀어 마주 잡음

수동

手동

손의 힘으로 움직임

공통 글자를 쓰세요.

(모양)   (뜻)   (소리)

手 | 손 | 수

쫙 벌린 손의 모양이에요.

4 **한자의 이름을** 따라 쓰세요.

손 수

손 수

5 단어에 '手(수)'가 숨어 있으면, 그 단어에는 '손'의 뜻이 들어 있어요.
다음 단어들을 **한글로** 쓴 다음, 옆의 뜻풀이를 읽고 **'手(수)'의 뜻에** ○ 하세요.

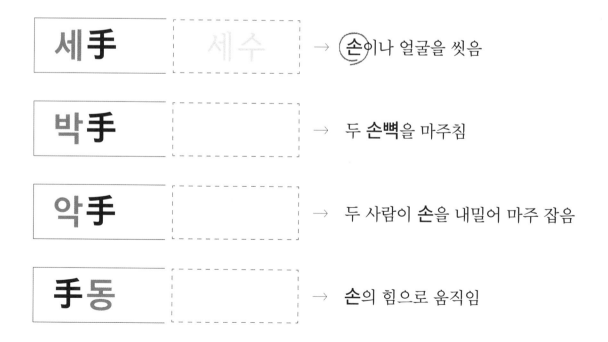

| 세**手** | 세 수 | → ⓢ손이나 얼굴을 씻음 |

| 박**手** | | → 두 **손뼉**을 마주침 |

| 악**手** | | → 두 사람이 **손**을 내밀어 마주 잡음 |

| **手**동 | | → 손의 힘으로 움직임 |

6 아래 글을 읽고 '手(손 수)'가 숨어 있는 단어를 찾아볼까요?
굵게 표시된 6개의 단어 중 **'손'의 뜻이 있는 4개의 단어**에 ◯ 하세요.

주말에도 우리 가족은 일찍 일어난다.

깨끗하게 **세수**하고 나와서 마당에 모여,

제일 먼저 아빠를 따라 크게 **박수**를 짝짝 친다.

그다음은 엄마를 따라, **수동**으로 움직이는

다리 운동 기구를 **차례**대로 사용한다.

끝으로 서로 **악수**를 나누며 운동을 마무리한다.

♥ **교육과정 성취기준 1~2학년군** / 2즐01-02
놀이하며 내 몸의 움직임이나 감각을 느낀다.

오늘 배운 4개의 단어 이외에
'手(손 수)'가 숨어 있는 단어를
생각해 보세요.

족

1 다음 단어들을 큰 **소리로** 읽어 보세요.

족발

족욕

만족

부족

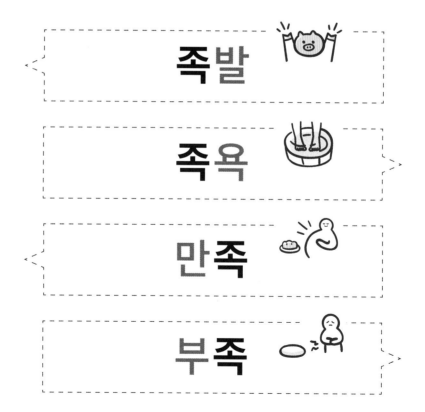

2 모든 단어에
똑같이 들어 있는 글자에 ◯ 하세요.

족욕

만족

부족

공통 글자를 쓰세요.

3 모든 단어 속에
숨어 있는 **공통 한자**에 ◯ 하세요.

돼지의 **발**을 조린 음식

足욕

두 **발**만 물에 담그는 목욕

만足

충분하고 **넉넉함**

부足

넉넉하지 않음

(모양) (뜻) (소리)

足 | 발,
넉넉하다 | 족

무릎에서 발끝까지의 모양이에요.

4 **한자의 이름을**
따라 쓰세요.

발 족

발 족

---

5 단어에 '足(족)'이 숨어 있으면, 그 단어에는 '발, 넉넉하다'의 뜻이 들어 있어요.
다음 단어들을 **한글로** 쓴 다음, 옆의 뜻풀이를 읽고 '**足(족)'의 뜻에** ◯ 하세요.

| 足발 | 족발 | → 돼지의 **발**을 조린 음식 |

| 足욕 | | → 두 **발**만 물에 담그는 목욕 |

| 만足 | | → 충분하고 **넉넉함** |

| 不足 | | → **넉넉하지** 않음 |

6 아래 글을 읽고 '足(발 족)'이 숨어 있는 단어를 찾아볼까요?
굵게 표시된 6개의 단어 중 '발, 넉넉하다'의 뜻이 있는 **4개의 단어**에 ◯ 하세요.

미국에 사는 톰이 **방학**을 맞아 우리 집에 왔다.

◯족발◯을 먹을 때 톰이 젓가락질을 어려워해서

포크를 주었는데, 맛이 없다며 **만족**하지 못했다.

부모님께 **족욕**을 해 드리는 **체험**을 하면서는,

왜 지저분한 발을 만지냐며 투덜댔다.

다른 나라의 문화를 이해하는 마음이 **부족**한

친구였다.

♥ **교육과정 성취기준 1~2학년군** / 2즐02-03
다른 나라의 문화 예술을 체험한다.

오늘 배운 4개의 단어 이외에
'足(발 족)'이 숨어 있는 단어를
생각해 보세요.

① 다음 단어들을 큰 소리로 읽어 보세요.

청포도

청바지

청치마

청년

2 모든 단어에
똑같이 들어 있는 글자에 ◯ 하세요.

3 모든 단어 속에
숨어 있는 공통 한자에 ◯ 하세요.

포도

포도

아직 다 익지 않은 **푸른** 포도

청바지

靑바지

질긴 천으로 만든 **푸른** 바지

청치마

靑치마

색깔이 푸른 치마

청년

靑년

다 자란 **젊은** 사람

공통 글자를 쓰세요.

모양	뜻	소리
靑	푸르다, 젊다	**청**

우물[井] 주변에 자라는[生] 풀의
모양을 합했어요.

4 한자의 이름을
따라 쓰세요.

푸를 청

푸를 청

5 단어에 '靑(청)'이 숨어 있으면, 그 단어에는 '푸르다, 젊다'의 뜻이 들어 있어요.
다음 단어들을 **한글로 쓴** 다음, 옆의 뜻풀이를 읽고 **'靑(청)'의 뜻에** ◯ 하세요.

靑포도 　청포도 　→ 아직 다 익지 않은 ⭕푸른⭕ 포도

靑바지 　　　→ 질긴 천으로 만든 **푸른** 바지

靑치마 　　　→ 색깔이 **푸른** 치마

靑년 　　　→ 다 자란 **젊은** 사람

6 아래 글을 읽고 '靑(푸를 청)'이 숨어 있는 단어를 찾아볼까요?
굵게 표시된 6개의 단어 중 '**푸르다, 젊다**'의 뜻이 있는 **4개의 단어**에 ◯ 하세요.

거실에는 부모님이 젊었을 때의 사진이 있다.

흰색 모자에 **청바지**를 입은 **청년**이 아빠이다.

엄마는 **청포도** 무늬 티셔츠에 **청치마**를 입었다.

그 사진을 보니 괜히 찡한 마음이 들었다.

엄마에게 "엄마가 늙으시는 게 **속상**해요." 하니,

엄마는 내가 자라는 모습을 보며 나이 먹는 게

행복하다며 웃으셨다.

♥ **교육과정 성취기준 1~2학년군** / 2즐04-04
기억에 남는 경험을 떠올리며 의미를 부여한다.

오늘 배운 4개의 단어 이외에
'靑(푸를 청)'이 숨어 있는 단어를
생각해 보세요.

금

1 다음 단어들을 큰 **소리로** 읽어 보세요.

금고

입금

성금

저금통

2 모든 단어에
똑같이 들어 있는 글자에 ◯ 하세요.

입금

성금

저금통

공통 글자를 쓰세요.

3 모든 단어 속에
숨어 있는 공통 한자에 ◯ 하세요.

돈을 보관하는 창고

입金

돈을 들여놓음

성金

좋은 일에 쓰라고 내는 **돈**

저金통

돈을 넣어 모으는 통

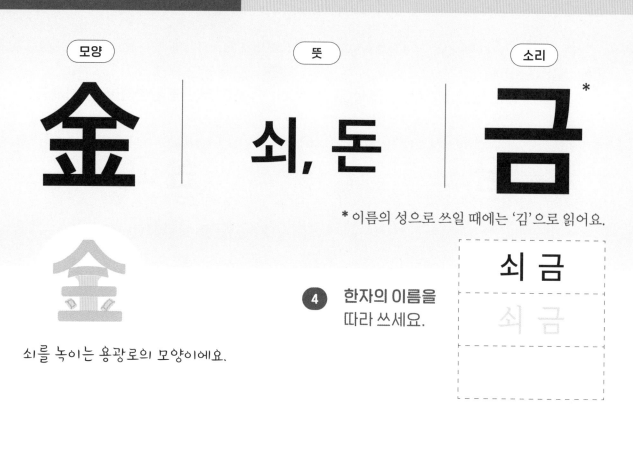

모양 | 뜻 | 소리

金 | **쇠, 돈** | **금**

* 이름의 성으로 쓰일 때에는 '김'으로 읽어요.

쇠를 녹이는 용광로의 모양이에요.

4 한자의 이름을 따라 쓰세요.

쇠 금

쇠 금

5 단어에 '金(금)'이 숨어 있으면, 그 단어에는 '돈'의 뜻이 들어 있어요.
다음 단어들을 **한글로** 쓴 다음, 옆의 뜻풀이를 읽고 **'金(금)'의 뜻에** ◯ 하세요.

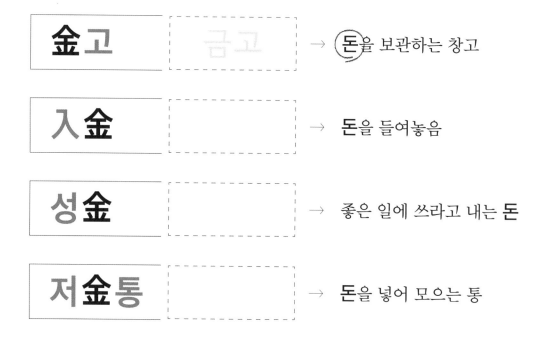

金고 | 금고 | → (돈)을 보관하는 창고

入**金** | | → 돈을 들여놓음

성**金** | | → 좋은 일에 쓰라고 내는 돈

저**金**통 | | → 돈을 넣어 모으는 통

6 아래 글을 읽고 '金(쇠 금)'이 숨어 있는 단어를 찾아볼까요?
굵게 표시된 6개의 단어 중 '**돈**'의 뜻이 있는 **4개의 단어**에 ○ 하세요.

텔레비전을 보는데 **불우** 이웃을 돕기 위해 연탄

나르기 **봉사**를 하는 사람들의 이야기가 나왔다.

문득 내가 매년 은행에 가서 **입금**한 세뱃돈과

꼬박꼬박 **저금통**에 모은 동전들이 생각났다.

내가 보낸 **성금**으로 힘들게 사는 이웃을 돕는 일이,

나의 **금고**를 채우는 일보다 더 뿌듯할 것 같다.

♥ **교육과정 성취기준 1~2학년군** / 2슬03-04
우리의 생활과 관련된 지속가능성의 다양한 사례를 찾고 탐색한다.

오늘 배운 4개의 단어 이외에
'金(쇠 금)'이 숨어 있는 단어를
생각해 보세요.

出발

→ 어떤 곳을 향하여 나감

매月

→ 각각의 달 마다

야外

→ 집이나 건물의 바깥

중古

→ 이미 사용하였거나

오래된 물건

혹시 기억이 나지 않는다면,
앞에서 배운 부분을
다시 한번 찾아보세요.

出　74~77쪽　　手　90~93쪽
月　78~81쪽　　足　94~97쪽
外　82~85쪽　　靑　98~101쪽
古　86~89쪽　　金　102~105쪽

手동

[　　　]　→　[손]의 힘으로 움직임

만足

[　　　]　→　충분하고 [넉넉함]

靑바지

→　질긴 천으로 만든

[　　　]　　[푸른] 바지

저金통

[　　　]　→　[돈]을 넣어 모으는 통

4단원
학교생활

다음 글자를 보고,
떠오르는 단어를 자유롭게 말해 보세요.

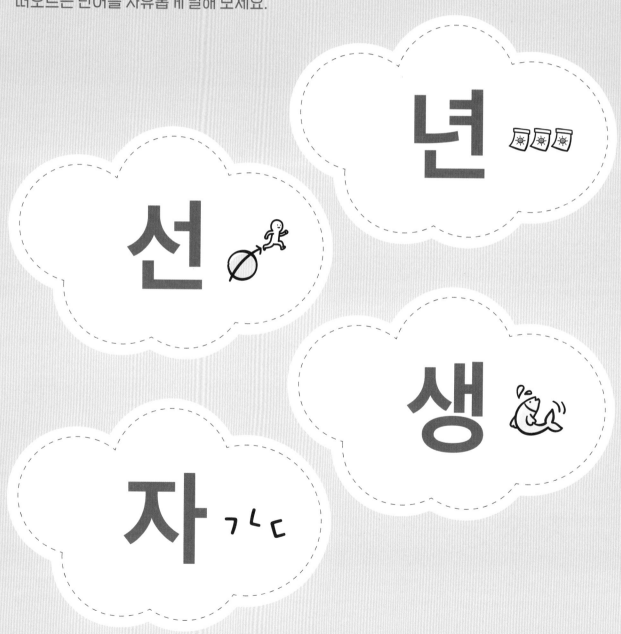

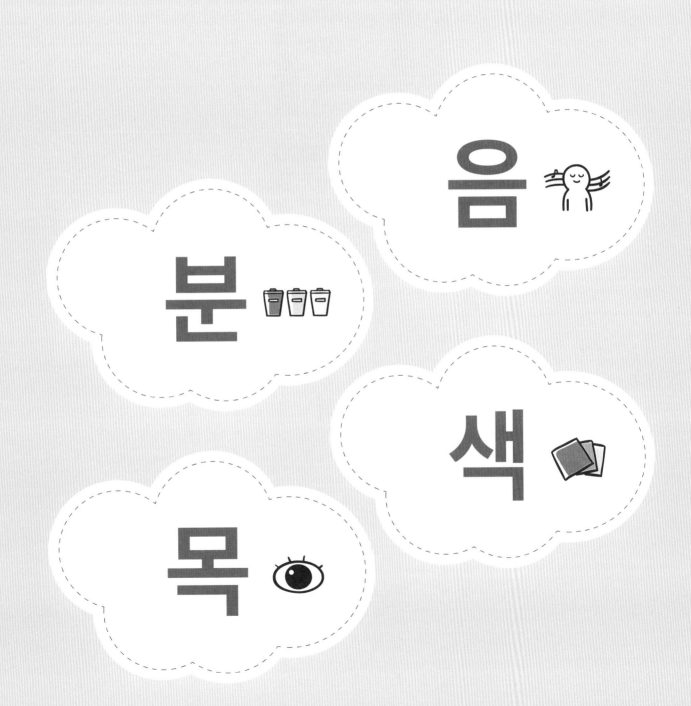

1 다음 단어들을 큰 **소리로** 읽어 보세요.

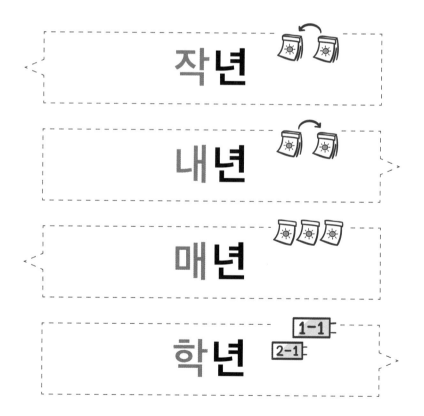

작**년**

내**년**

매**년**

학**년**

2 모든 단어에
똑같이 들어 있는 글자에 ◯ 하세요.

3 모든 단어 속에
숨어 있는 공통 한자에 ◯ 하세요.

작

작**年**

올해 바로 앞의 **해**

내**년**

내**年**

올해 바로 다음의 **해**

매**년**

매**年**

모든 **해**마다

학**년**

학**年**

일 **년** 단위로 나눈 학교의 학습 과정

공통 글자를 쓰세요.

모양	뜻	소리
年	해, 년	년

일 년에 한 번 벼를 수확하는
농부의 모양이에요.

4 한자의 이름을
따라 쓰세요.

해 년
해 년

5 단어에 '年(년)'이 숨어 있으면, 그 단어에는 '해, 년'의 뜻이 들어 있어요.
다음 단어들을 **한글로** 쓴 다음, 옆의 뜻풀이를 읽고 **'年(년)'의 뜻에** ○ 하세요.

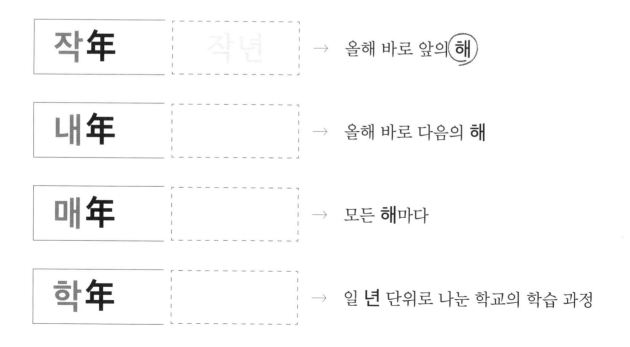

작年	작년	→ 올해 바로 앞의 (해)
내年		→ 올해 바로 다음의 해
매年		→ 모든 해마다
학年		→ 일 년 단위로 나눈 학교의 학습 과정

6 아래 글을 읽고 '年(해 년)'이 숨어 있는 단어를 찾아볼까요?
굵게 표시된 6개의 단어 중 '**해, 년**'의 뜻이 있는 **4개의 단어**에 ⌒ 하세요.

2**학년**이 되어 결심했던 대로 **편식**을 안 하고 있다.

덕분에 **작년**보다 키가 많이 컸고, 몸도 튼튼해졌다.

처음에는 밥 한 그릇에 담긴 농부의 **노력**을 알고

시작한 일이었는데, 이런 올바른 식습관이 **매년**

이어지니, 내 몸에도 좋은 변화가 일어났다.

내년에도 밥을 남기지 않고 골고루 먹을 것이다.

♥ 교육과정 성취기준 1~2학년군 / 2바01-02
나를 이해하고 존중하며 생활한다.

오늘 배운 4개의 단어 이외에
'年(해 년)'이 숨어 있는 단어를
생각해 보세요.

선

① 다음 단어들을 큰 **소리로** 읽어 보세요.

선배

선행

선제골

선착순

2 모든 단어에
똑같이 들어 있는 글자에 ⭕ 하세요.

3 모든 단어 속에
숨어 있는 공통 한자에 ⭕ 하세요.

선행

선제골

선착순

공통 글자를 쓰세요.

같은 학교를 **먼저** 입학한 사람

先행

어떤 것보다 **먼저** 행함

先제골

상대 팀보다 **먼저** 넣은 첫 골

先착순

먼저 도착하는 순서

모양	뜻	소리
先	먼저	선

소[牛]가 사람[儿]보다
먼저 앞장서는 모양을 합했어요.

4 **한자의 이름을** 따라 쓰세요.

먼저 선

먼저 선

5 단어에 '先(선)'이 숨어 있으면, 그 단어에는 '먼저'의 뜻이 들어 있어요.
다음 단어들을 **한글로** 쓴 다음, 옆의 뜻풀이를 읽고 '**先(선)'의 뜻**에 ◯ 하세요.

先배	선배	→ 같은 학교를 (먼저) 입학한 사람
先行		→ 어떤 것보다 **먼저** 행함
先제골		→ 상대 팀보다 **먼저** 넣은 첫 골
先착순		→ **먼저** 도착하는 순서

6 아래 글을 읽고 '先(먼저 선)'이 숨어 있는 단어를 찾아볼까요?
굵게 표시된 6개의 단어 중 '**먼저**'의 뜻이 있는 **4개의 단어**에 ⭕ 하세요.

이번 겨울 방학에 학원에서 (**선행**)학습을 안 하고,

운동을 해서 체력을 키우기로 했다.

학교 축구 모임에서 **선착순**으로 한 명을 더

뽑는다고 하여, 내가 제일 먼저 전화했다.

선배들이 많이 있었는데, 연습 경기를 할 때

내가 **선제골**을 넣어 **박수**를 한 몸에 받았다.

♥ 교육과정 성취기준 1~2학년군 / 2바02-04
새로운 활동에 호기심을 갖고 도전한다.

오늘 배운 4개의 단어 이외에
'先(먼저 선)'이 숨어 있는 단어를
생각해 보세요.

생

1 다음 단어들을 큰 소리로 읽어 보세요.

생활

생태

생물

생선

2 모든 단어에
똑같이 들어 있는 글자에 ⬭ 하세요.

3 모든 단어 속에
숨어 있는 공통 한자에 ⬭ 하세요.

활

활

일정한 곳에서 **살아감**

생태

生태

살아가는 모양이나 상태

생물

生물

살아 있는 동물과 식물

생선

生선

신선한 물고기

공통 글자를 쓰세요.

모양	뜻	소리
生	나다, 살다, 신선하다	생

땅 위로 막 자라난 새싹의 모양이에요.

4 한자의 이름을 따라 쓰세요.

날 생
날 생

5 단어에 '生(생)'이 숨어 있으면, 그 단어에는 '살다, 신선하다'의 뜻이 들어 있어요.
다음 단어들을 **한글로** 쓴 다음, 옆의 뜻풀이를 읽고 '**生(생)**'의 뜻에 ○ 하세요.

生활   생활   → 일정한 곳에서

生태   → **살아가는** 모양이나 상태

生물   → **살아 있는** 동물과 식물

生선   → **신선한** 물고기

6 아래 글을 읽고 '生(날 생)'이 숨어 있는 단어를 찾아볼까요?
굵게 표시된 6개의 단어 중 '**살다, 신선하다**'의 뜻이 있는 **4개의 단어**에 ○ 하세요.

오늘 학교에서 물고기 (**생태**)학습관에 다녀왔다.

다양한 **종류**의 물고기를 직접 보았다.

물고기들이 어떻게 **생활**하는지도 배웠다.

강에는 물고기 말고도 많은 **생물**들이 있는데,

환경 **오염** 때문에 점점 줄어들고 있다고 한다.

저녁상에 올라온 **생선**이 더 특별하게 느껴졌다.

♥ **교육과정 성취기준 1~2학년군** / 2슬01-04
사람과 자연, 동식물이 어우러져 사는 생태를 탐구한다.

오늘 배운 4개의 단어 이외에
'生(날 생)'이 숨어 있는 단어를
생각해 보세요.

① 다음 단어들을 큰 **소리로** 읽어 보세요.

숫**자** 1 2 3

문**자** ㄱㄴㄷ

한**자** 漢字

천**자**문

2 모든 단어에
똑같이 들어 있는 글자에 ⭕ 하세요.

3 모든 단어 속에
숨어 있는 공통 한자에 ⭕ 하세요.

숫<u>자</u>

문**자**

한**자**

천**자**문

숫**字**

수를 나타내는 **글자**

문**字**

언어를 눈으로 볼 수 있게 나타낸 **글자**

한**字**

중국에서 쓰는 **문자**

천**字**문

천 개의 **글자**(한자)로 되어 있는 책

공통 글자를 쓰세요.

모양 | 뜻 | 소리

字 | 글자, 문자 | 자

집[宀]에서 아이[子]를 가르치는
모양을 합했어요.

4 **한자의 이름을**
따라 쓰세요.

글자 자

글자 자

5 단어에 '字(자)'가 숨어 있으면, 그 단어에는 '글자, 문자'의 뜻이 들어 있어요.
다음 단어들을 **한글로** 쓴 다음, 옆의 뜻풀이를 읽고 **'字(자)'의 뜻에** ◯ 하세요.

| 숫**字** | 숫자 | → 수를 나타내는 |

| 文**字** | | → 언어를 눈으로 볼 수 있게 나타낸 **글자** |

| 한**字** | | → 중국에서 쓰는 **문자** |

| 천**字**文 | | → 천 개의 **글자**(한자)로 되어 있는 책 |

6 아래 글을 읽고 '字(글자 자)'가 숨어 있는 단어를 찾아볼까요?
굵게 표시된 6개의 단어 중 '**글자, 문자**'의 뜻이 있는 **4개의 단어**에 ◯ 하세요.

요즘 학교에서 아침마다 (천자문) 쓰기를 한다.

아직 천 개의 **문자**를 쓰려면 많이 남았지만

하나하나 **숫자**를 세어 보니 칠십 자도 넘게 썼다.

한자는 한글과 달라서 **그림**을 그리는 것 같다.

복잡하게 생겼어도 따라 그리는 **기분**으로

글자를 쓰다 보면 어느새 공책 한 면이 빽빽하다.

♥ 교육과정 성취기준 1~2학년군 / 2국03-01
글자와 단어를 바르게 쓴다.

오늘 배운 4개의 단어 이외에
'字(글자 자)'가 숨어 있는 단어를
생각해 보세요.

1 다음 단어들을 **큰 소리로** 읽어 보세요.

고**음**

발**음**

음악

음표

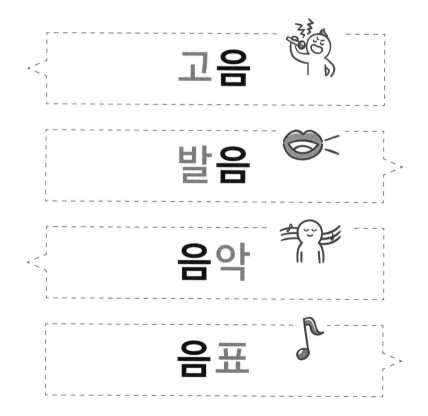

2 모든 단어에
똑같이 들어 있는 글자에 ⭕ 하세요.

3 모든 단어 속에
숨어 있는 공통 한자에 ⭕ 하세요.

고

고**音**

높은 소리

발**음**

발**音**

말하는 소리를 냄

음악

音악

생각이나 느낌을 **소리**로 표현한 예술

음표

音표

악보에서 **소리**의
길이와 높낮이를 나타내는 표시

공통 글자를 쓰세요.

(모양) | (뜻) | (소리)

音 | 소리 | 음

말소리[言]에 가락을 더한[一]
모양을 나타냈어요.

④ **한자의 이름을**
따라 쓰세요.

소리 음

소리 음

⑤ 단어에 '音(음)'이 숨어 있으면, 그 단어에는 '소리'의 뜻이 들어 있어요.
다음 단어들을 **한글로** 쓴 다음, 옆의 뜻풀이를 읽고 '**音(음)'의 뜻에** ◯ 하세요.

고音 | 고음 | → 높은 (소리)

발音 | | → 말하는 **소리**를 냄

音악 | | → 생각이나 느낌을 **소리**로 표현한 예술

音표 | | → 악보에서 **소리**의 길이와 높낮이를 나타내는 표시

6 아래 글을 읽고 '音(소리 음)'이 숨어 있는 단어를 찾아볼까요?
굵게 표시된 6개의 단어 중 **'소리'의 뜻이 있는 4개의 단어에** ◯ 하세요.

학교에서 방과 후 중국어 **수업**을 듣고 있다.

중국어는 듣다 보면 꼭 **음악**처럼 들릴 때가 있다.

노래하듯 높게 **고음**을 내기도 하고,

음이 올라갔다가 갑자기 확 내려오기도 한다.

악보의 **음표**처럼 글자의 **기호**를 보고 읽는데,

발음하기는 조금 어렵지만 재미있다.

♥ **교육과정 성취기준 1~2학년군** / 2국02-01
글자, 단어, 문장, 짧은 글을 정확하게 소리 내어 읽는다.

오늘 배운 4개의 단어 이외에
'音(소리 음)'이 숨어 있는 단어를
생각해 보세요.

분

1 다음 단어들을 큰 **소리로** 읽어 보세요.

구분

부분

분류

분리

2 모든 단어에
똑같이 들어 있는 글자에 ◯ 하세요.

3 모든 단어 속에
숨어 있는 공통 한자에 ◯ 하세요.

구분

구分

전체를 몇 개로 **나눔**

부분

부分

전체를 몇 개로 **나눈** 것의 하나

분류

分류

종류에 따라서 **나눔**

분리

分리

서로 **나누어** 갈라놓음

分

공통 글자를 쓰세요.

| 모양 | 뜻 | 소리 |

分 | 나누다 | 분

칼[刀]로 물건을 반으로 나눈[八]
모양을 합했어요.

4 **한자의 이름을**
따라 쓰세요.

나눌 분

나눌 분

---

5 단어에 '分(분)'이 숨어 있으면, 그 단어에는 '나누다'의 뜻이 들어 있어요.
다음 단어들을 **한글로** 쓴 다음, 옆의 뜻풀이를 읽고 '**分(분)'의 뜻에** ◯ 하세요.

구分 │ 구분 → 전체를 몇 개로 (나눔)

부分 │ → 전체를 몇 개로 **나눈** 것의 하나

分류 │ → 종류에 따라서 **나눔**

分리 │ → 서로 **나누어** 갈라놓음

6 아래 글을 읽고 '分(나눌 분)'이 숨어 있는 단어를 찾아볼까요?
굵게 표시된 6개의 단어 중 '**나누다**'의 뜻이 있는 **4개의 단어**에 ◯ 하세요.

교실에서 쓰레기를 (분류)해서 버리기로 했다.

일반 쓰레기, **종이**, 플라스틱, 비닐로!

종이봉투에 비닐로 된 **부분**이 있거나

플라스틱 병에 비닐이 붙어 있으면 **분리**한다.

어떤 쓰레기인지 **구분**하기 어려우면,

선생님께 질문해서 **정확**하게 버려야 한다.

♥ **교육과정 성취기준 1~2학년군** / 2바01-01
학교 생활 습관과 학습 습관을 형성하여 안전하고 건강하게 생활한다.

오늘 배운 4개의 단어 이외에
'分(나눌 분)'이 숨어 있는 단어를
생각해 보세요.

1 다음 단어들을 큰 소리로 읽어 보세요.

색연필

색종이

색칠

백**색**

2 모든 단어에
똑같이 들어 있는 글자에 ◯ 하세요.

3 모든 단어 속에
숨어 있는 공통 한자에 ◯ 하세요.

연필

연필

여러 가지 **색깔**이 나는 연필

색종이

色종이

여러 가지 **색깔**로 물들인 종이

색칠

色칠

색깔이 나도록 칠을 함

백**색**

백**色**

흰 **색깔**

공통 글자를 쓰세요.

모양	뜻	소리
色	**빛, 색깔**	**색**

두 사람이 나란히 붙어 있는
모양을 합했어요.

4 한자의 이름을
따라 쓰세요.

빛 색

빛 색

5 단어에 '色(색)'이 숨어 있으면, 그 단어에는 '색깔'의 뜻이 들어 있어요.
다음 단어들을 **한글로** 쓴 다음, 옆의 뜻풀이를 읽고 '**色(색)**'의 뜻에 ◯ 하세요.

色연필	색연필	→ 여러 가지 ⟨색깔⟩이 나는 연필
色종이		→ 여러 가지 **색깔**로 물들인 종이
色칠		→ **색깔**이 나도록 칠을 함
白色		→ 흰 **색깔**

6 아래 글을 읽고 '色(빛 색)'이 숨어 있는 단어를 찾아볼까요?
굵게 표시된 6개의 단어 중 **'색깔'의 뜻이 있는 4개의 단어에** ◯ 하세요.

오늘 모둠별로 모여 **교실** 꾸미기를 했다.

내가 먼저 종이에 **선생님**의 얼굴을 그렸고,

다 함께 **색연필**로 열심히 **색칠**했다.

그리고 **색종이**로 꽃과 나무를 접어 붙이니

백색이었던 종이가 알록달록해졌다.

선생님께서도 내가 그린 그림을 좋아하셨다.

♥ 교육과정 성취기준 1~2학년군 / 2즐02-04
다양한 세상을 상상하고 표현한다.

오늘 배운 4개의 단어 이외에
'色(빛 색)'이 숨어 있는 단어를
생각해 보세요.

목

1 다음 단어들을 큰 **소리로** 읽어 보세요.

목격

목표

목적

제목

2 모든 단어에
똑같이 들어 있는 글자에 ◯ 하세요.

목표

목적

제목

공통 글자를 쓰세요.

3 모든 단어 속에
숨어 있는 공통 한자에 ◯ 하세요.

눈으로 직접 봄

目표

눈으로 표시한 것
[이루려고 하는 것]

目적

과녁의 **중심**
[나아가려는 방향]

제 **目**

중심 내용을 나타내는 이름

모양	뜻	소리
目	눈, 중심	목

눈의 모양이에요.

4 **한자의 이름을** 따라 쓰세요.

눈 목

눈 목

5 단어에 '目(목)'이 숨어 있으면, 그 단어에는 '눈, 중심'의 뜻이 들어 있어요.
다음 단어들을 **한글로** 쓴 다음, 옆의 뜻풀이를 읽고 '**目(목)'의 뜻에** ◯ 하세요.

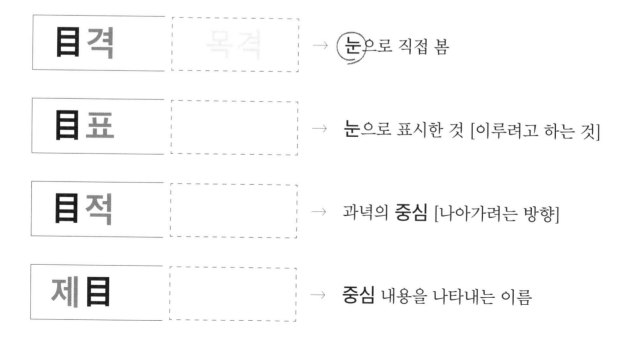

目격 　목격　 → 눈으로 직접 봄

目표 　　　　 → 눈으로 표시한 것 [이루려고 하는 것]

目적 　　　　 → 과녁의 중심 [나아가려는 방향]

제目 　　　　 → 중심 내용을 나타내는 이름

6 아래 글을 읽고 '目(눈 목)'이 숨어 있는 단어를 찾아볼까요?
굵게 표시된 6개의 단어 중 '**눈, 중심**'의 뜻이 있는 **4개의 단어**에 ◯ 하세요.

운동장 창고에서 연기가 나는 걸 **목격**했다.

나는 불을 끌 **목적**으로 **소화기**를 찾아 뛰었다.

창고에 가니 벌써 소방관들이 불을 끄고 있었다.

용감한 소방관들의 모습이 정말 멋있었다.

나에게 소방관이 되고 싶다는 **목표**가 생겼다.

제목에 '소방관'이 들어간 책들을 읽어 봐야겠다.

♥ **교육과정 성취기준 1~2학년군** / 2슬04-03
경험한 것 중에서 관심 있는 주제를 정하고 조사한다.

오늘 배운 4개의 단어 이외에
'目(눈 목)'이 숨어 있는 단어를
생각해 보세요.

내年

└─────────┘ → 올해 바로 다음의 해

先착순

└─────────┘ → 먼저 도착하는 순서

生물

→ 살아 있는

└─────────┘ 동물과 식물

숫字

└─────────┘ → 수를 나타내는 글자 1 2 3

혹시 기억이 나지 않는다면,
앞에서 배운 부분을
다시 한번 찾아보세요.

年 110~113쪽	音 126~129쪽
先 114~117쪽	分 130~133쪽
生 118~121쪽	色 134~137쪽
字 122~125쪽	目 138~141쪽

고音

→ 높은

부分

→ 전체를 몇 개로

나눈 것의 하나

色종이

→ 여러 가지 색깔 로

물들인 종이

目표

→ 눈 으로 표시한 것

[이루려고 하는 것]

한자 색인

음으로 찾기 (68字)

[1] … 1단계
[2] … 2단계

ㄱ 　강 **강** 江 　50 [1]
　옛 **고** 古 　86 [2]
　장인 **공** 工 　46 [2]
　입 **구** 口 　26 [1]
　쇠 **금** 金 　102 [2]

ㄴ 　사내 **남** 男 　122 [1]
　남녘 **남** 南 　62 [2]
　여자 **녀** 女 　126 [1]
　해 **년** 年 　110 [2]

ㄷ 　클 **대** 大 　18 [1]
　동녘 **동** 東 　62 [2]

ㄹ 　힘 **력** 力 　102 [1]
　설 **립** 立 　58 [2]

ㅁ 　어머니 **모** 母 　114 [1]
　나무 **목** 木 　54 [1]
　눈 **목** 目 　138 [2]
　문 **문** 門 　38 [1]
　글월 **문** 文 　106 [1]
　백성 **민** 民 　50 [2]

ㅂ 　네모 **방** 方 　66 [2]
　흰 **백** 白 　70 [1]
　아버지 **부** 父 　114 [1]
　남편 **부** 夫 　138 [1]
　북녘 **북** 北 　62 [2]
　나눌 **분** 分 　130 [2]
　아닐 **불** 不 　34 [2]

ㅅ 　넉 **사** 四 　22 [1]
　메 **산** 山 　46 [1]
　석 **삼** 三 　22 [1]
　윗 **상** 上 　30 [1]
　빛 **색** 色 　134 [2]
　날 **생** 生 　118 [2]
　서녘 **서** 西 　62 [2]
　돌 **석** 石 　18 [2]
　먼저 **선** 先 　114 [2]
　작을 **소** 小 　98 [1]
　물 **수** 水 　74 [1]
　손 **수** 手 　90 [2]
　시장 **시** 市 　54 [2]
　마음 **심** 心 　94 [1]

ㅇ　말씀 **언** 言　26 [2]

　　임금 **왕** 王　86 [1]

　　바깥 **외** 外　82 [2]

　　　달 **월** 月　78 [2]

　　소리 **음** 音　126 [2]

　　　두 **이** 二　22 [1]

　　사람 **인** 人　82 [1]

　　　날 **일** 日　10 [1]

　　　한 **일** 一　22 [1]

　　　들 **입** 入　14 [1]

ㅈ　아들 **자** 子　130 [1]

　스스로 **자** 自　10 [2]

　　글자 **자** 字　122 [2]

　　재주 **재** 才　42 [2]

　　바를 **정** 正　30 [2]

　　아우 **제** 弟　118 [1]

　　　발 **족** 足　94 [2]

　　주인 **주** 主　90 [1]

　가운데 **중** 中　22 [2]

ㅊ　하늘 **천** 天　66 [1]

　　푸를 **청** 靑　98 [2]

　　마디 **촌** 寸　134 [1]

　　　날 **출** 出　74 [2]

ㅌ　　흙 **토** 土　62 [1]

ㅎ　아래 **하** 下　34 [1]

　　다닐 **행** 行　14 [2]

　　　형 **형** 兄　118 [1]

　　　불 **화** 火　58 [1]

초등 국어

교과서 속 한자로 어휘력을 키우는
공부력 향상 프로그램

한자가
어휘력
이 다

정답 다운로드

정답 | 2
단계

교육 R&D에 앞서가는

키출판사

초 등 국 어

한자가
어휘력
이 **2단계** 다
정 답

| 본문 | 2~31쪽 |
| 어휘력 점검하기 | 32쪽 |

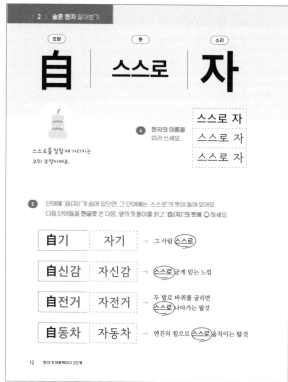

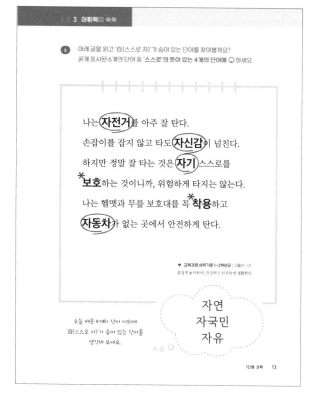

*보호(保護): 위험하거나 곤란하지 않게 지키고 보살핌.

*착용(着用): 옷, 모자, 신발 등을 입거나, 쓰거나, 신거나 함.

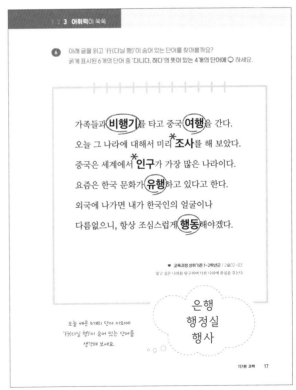

* **조사(調査)**: 사물의 내용을 알기 위하여 자세히 살펴보거나 찾아봄.

* **인구(人口)**: 일정한 지역에 사는 사람의 수.

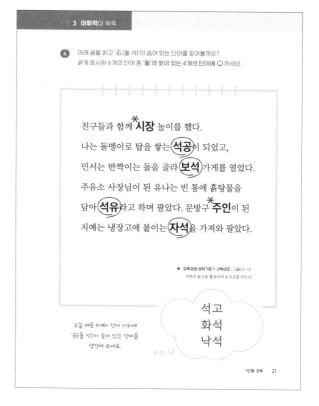

* **시장(市場)**: 여러 가지 상품을 사고파는 일정한 장소.
* **주인(主人)**: 대상이나 물건 따위를 소유한 사람.

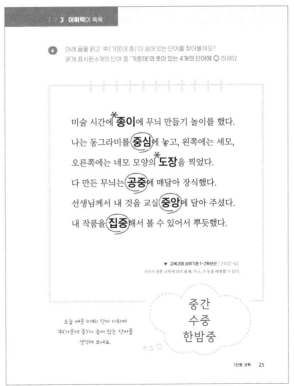

* **종이**: 나무를 원료로 하여 얇게 만든 물건. 글씨를 쓰는 등 여러 가지 일에 쓴다.

* **도장(圖章)**: 이름이나 글자 등을 나무, 돌 따위에 새겨 찍도록 만든 물건.

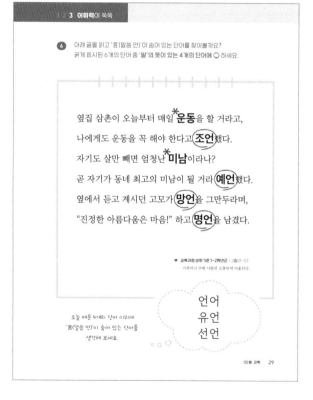

* **운동(運動)**: 몸을 단련하거나 건강을 위하여 몸을 움직이는 일.

* **미남(美男)**: 얼굴이 잘생긴 남자.

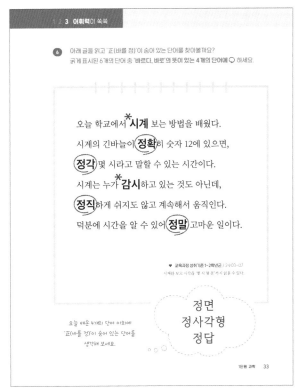

* **시계(時計):** 시간을 나타내는 기계.

* **감시(監視):** 단속하기 위하여 주의 깊게 지켜봄.

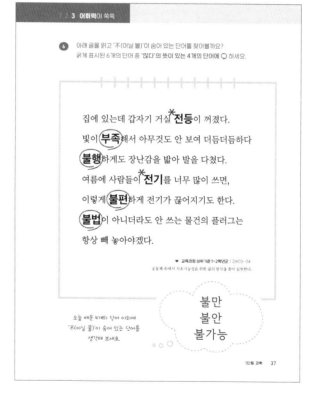

* **전등(電燈)**: 전기의 힘으로 밝은 빛을 내는 등.

* **전기(電燈)**: 빛이나 열을 내거나 기계 등을 움직이는 데 쓰이는 에너지.

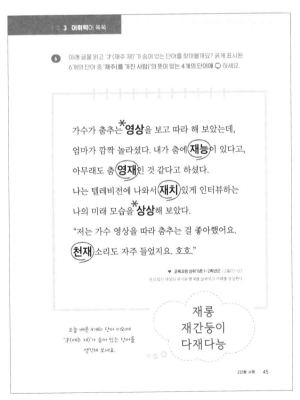

* **영상(映像):** 영화, 텔레비전 등의 화면에 나타나는 모습.

* **상상(想像):** 실제로 일어나지 않은 것에 대하여 마음속으로 그려 봄.

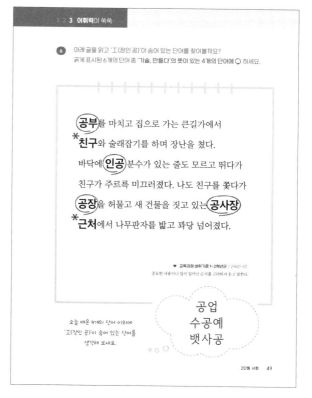

* **친구(親舊):** 가깝게 오래 사귄 사람.

* **근처(近處):** 가까운 곳.

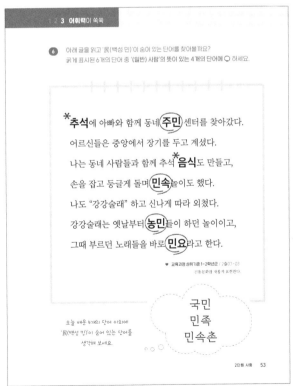

* **추석(秋夕):** 우리나라 명절의 하나. 송편과 햇과일 등의 음식을 장만하여 차례를 지낸다.

* **음식(飮食):** 사람이 먹고 마시는 모든 것.

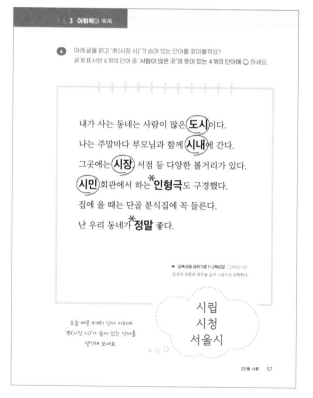

* **인형극(人形劇)**: 인형을 가지고 하는 연극.

* **정말(正말)**: 거짓이 없는 말.

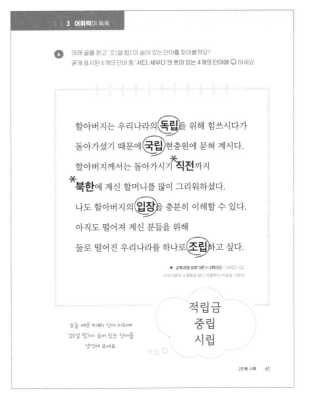

* **직전(直前)**: 어떤 일이 일어나기 바로 전.

* **북한(北韓)**: 대한민국의 휴전선 북쪽 지역.

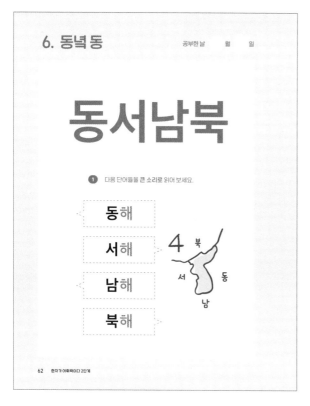

* **모양(模樣):** 겉으로 나타나는 생김새나 모습.

* **바다:** 지구에서 육지 이외의 부분으로 짠물이 차 있는 곳.

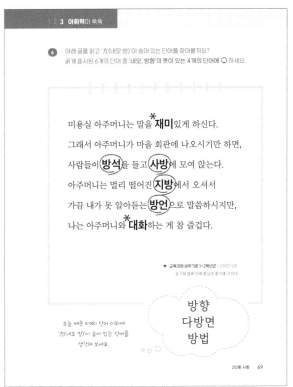

*재미: 아기자기하게 즐거운 기분이나 느낌.

*대화(對話): 마주 대하여 이야기를 주고받음.

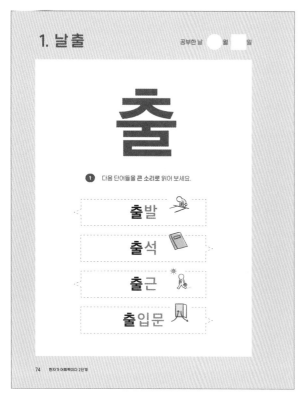

* 등교(登校): 학생이 학교에 감.

* 정신(精神): 무엇에 대해 느끼고 생각하며 판단하는 능력.

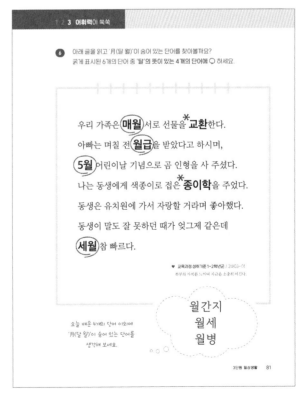

* **교환(交換)**: 서로 바꿈.

* **종이학(종이鶴)**: 종이를 접어서 만든 학.

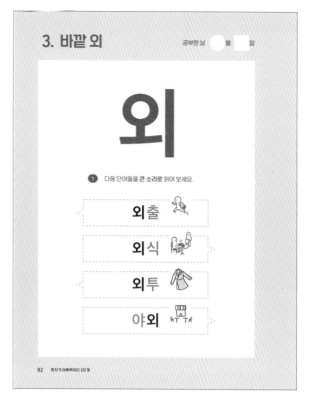

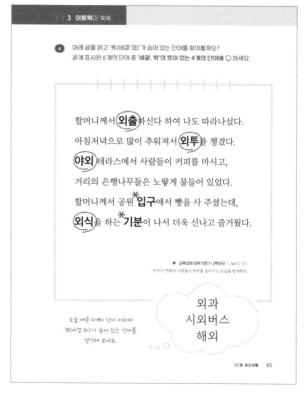

＊입구(入口): 들어가는 통로.

＊기분(氣分): 불쾌, 유쾌, 우울, 분노 등의 감정 상태.

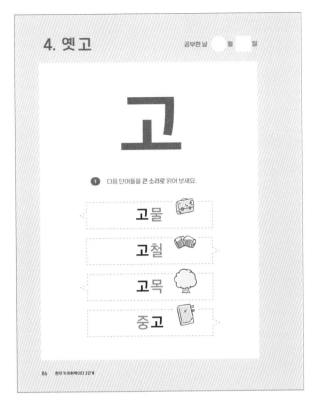

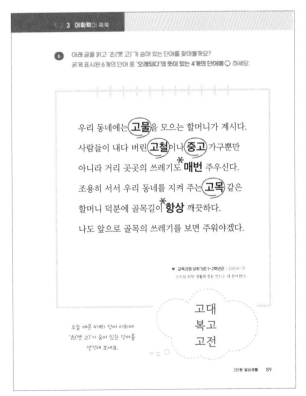

* **매번(每番)**: 어떤 일이 있을 때마다.

* **항상(恒常)**: 언제나 변함없이.

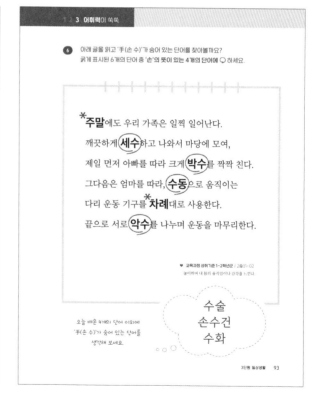

* **주말(週末)**: 한 주일의 끝 무렵. 주로 토요일부터 일요일까지를 이른다.

* **차례(次例)**: 어떤 일을 하거나 어떤 일이 일어나는 순서.

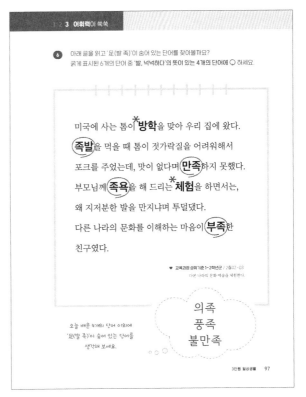

* **방학(放學)**: 일정 기간 동안 수업을 쉬는 일.

* **체험(體驗)**: 몸으로 직접 겪는 경험.

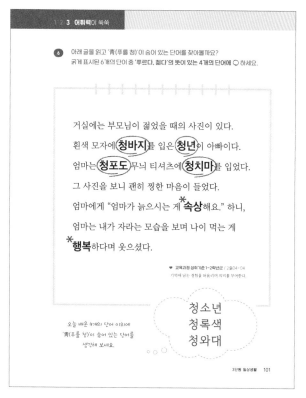

* **속상하다(속傷하다):** 화가 나거나 걱정이 되어 마음이 불편하고 우울하다.
* **행복하다(幸福하다):** 생활에서 충분한 만족과 기쁨을 느끼어 흐뭇하다.

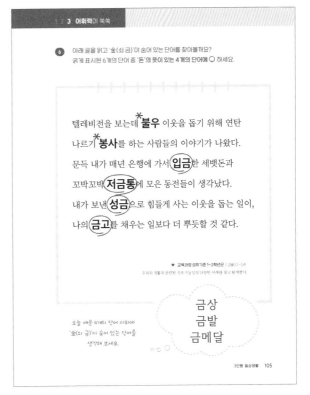

* **불우(不遇)**: 살림이나 처지가 딱하고 어려움.

* **봉사(奉仕)**: 자신의 이익을 생각하지 않고 남을 위하여 애써 일함.

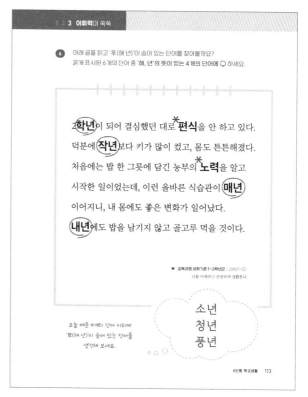

* **편식(偏食)**: 어떤 특정한 음식만을 가려서 즐겨 먹음.

* **노력(努力)**: 무엇을 이루기 위해 부지런히 들이는 힘

* **운동(運動):** 몸을 단련하거나 건강을 위하여 몸을 움직이는 일.

* **박수(拍手):** 두 손뼉을 마주침.

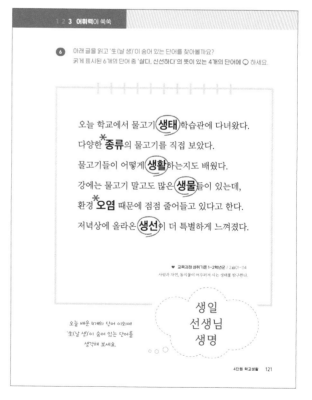

* **종류(種類)**: 어떤 기준에 따라 여러 가지로 나눈 갈래.

* **오염(汚染)**: 더러운 상태가 됨.

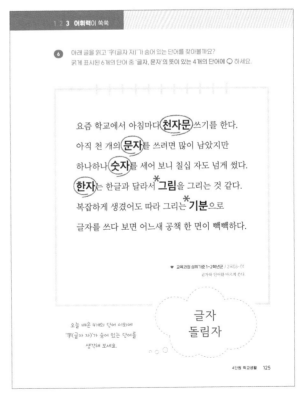

* 그림: 선이나 색채로 사물의 모양이나 이미지 등을 나타낸 것.

* 기분(氣分): 불쾌, 유쾌, 우울, 분노 등의 감정 상태.

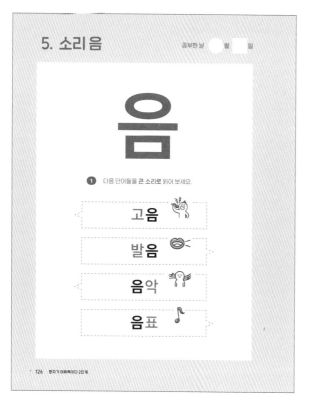

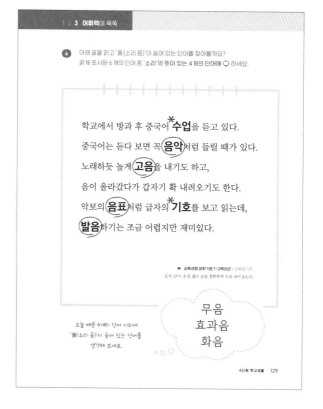

* **수업(授業)**: 선생님이 학생에게 지식이나 기능을 가르치는 일.

* **기호(記號)**: 어떤 뜻을 나타내기 위해 쓰는 여러 가지 표시.

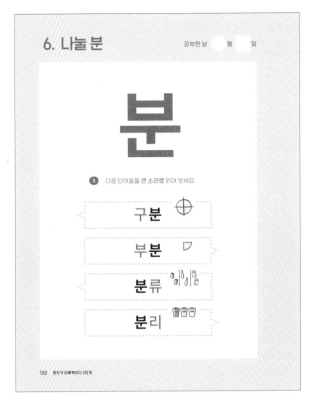

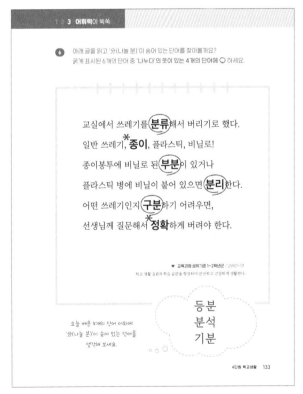

* **종이**: 나무를 원료로 하여 얇게 만든 물건. 글씨를 쓰는 등 여러 가지 일에 쓴다.

* **정확(正確)**: 바르고 확실함.

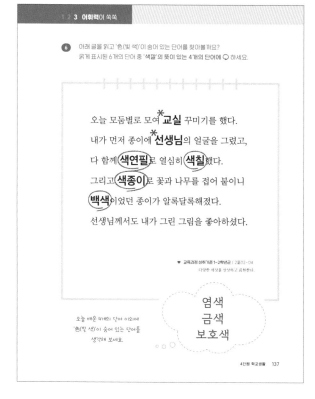

* **교실(教室)**: 학습 활동이 이루어지는 방.
* **선생님(先生님)**: 학생을 가르치는 사람.

* **소화기(消火器):** 불을 끄는 기구.

* **용감하다(勇敢하다):** 용기가 있으며 씩씩하고 기운차다.

自신감
자신감

집中
집중

유行
유행

명言
명언

자石
자석

正각
정각

正심
중심

不편
불편

才치
재치

市민
시민

工장
공장

독立
독립

民요
민요

東해
동해

市장
시장

사方
사방

出발
출발

手동
수동

매月
매월

만足
만족

야外
야외

靑바지
청바지

중古
중고

저金통
저금통

내年
내년

고音
고음

先착순
선착순

부分
부분

生물
생물

色종이
색종이

숫字
숫자

目표
목표

自	行	石	中	言
스스로 자	다닐 행	돌 석	가운데 중	말씀 언
正	不	才	工	民
바를 정	아닐 불	재주 재	장인 공	백성 민
市	立	東	西	南
시장 시	설 립	동녘 동	서녘 서	남녘 남
北	方	出	月	外
북녘 북	네모 방	날 출	달 월	바깥 외
古	手	足	青	金
옛 고	손 수	발 족	푸를 청	쇠 금
年	先	生	字	音
해 년	먼저 선	날 생	글자 자	소리 음
分	色	目		
나눌 분	빛 색	눈 목		